いざというときに困らないために

今から考える実家じまい・墓じまい

アルド住宅研究所主宰・宅地建物取引士
弘中純一

シニア生活文化研究所代表理事
小谷みどり

メモリーズ株式会社代表取締役
横尾将臣

【監修】

ナツメ社

はじめに

親が亡くなった後、実家はどうする？

実家のお墓はどうする？

こんなふうに、実家とお墓を気にかける人が増えてきました。

以前は、子どもは結婚しても親と同居し、家は親から子に継承されていきました。しかし、現在では別々に暮らすことが増え、親が亡くなった後、誰も住んでいない実家をどうするのかは、子ども世代の気がかりになりました。


空き家になった実家を管理するのは、手間とお金がかかります。そのため、放置された空き家が全国で年々増えています。空き家になると、見た目が悪いだけでなく、ゴミが不法投棄されたり害虫の温床になったりして不衛生です。不審者に放火される可能性が出てくるなど、治安悪化にもつながります。さらに、地震などの災害で、傷んだ実家が倒壊する恐れもあります。

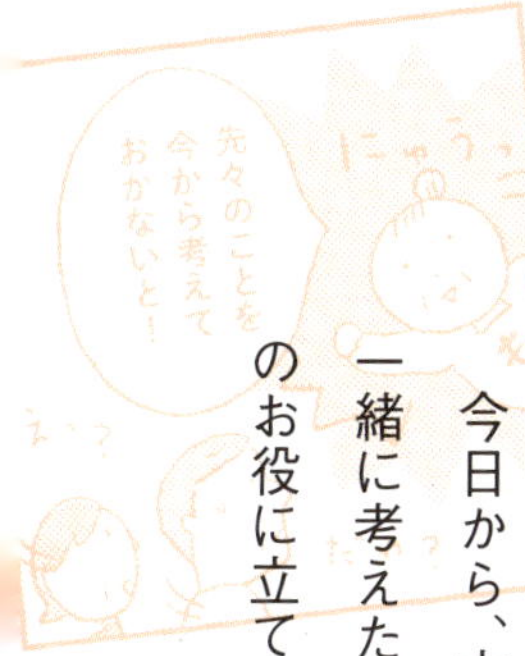

空き家を減らすために国も対策に乗り出し、放置しておくと固定資産税が最大6倍になる法律を制定しました。つまり、空き家になったら、できるだけ早く「実家じまい」しないと、周りに迷惑がかかり、余計なお金もかかってしまうのです。

同じように、実家のお墓も継承されずに放置されるケースが増えています。お墓が自宅から遠くてお墓参りに行けない人や、「子どもにお墓の負担をかけたくない」と考える人が増えるなどし、今までのような「○○家の墓」を継承するのが難しくなっています。今後放置される可能性があるなら、管理しやすいお墓へ「墓じまい」をする必要があります。

本書では「実家じまい」と「墓じまい」をする際に知っておきたいことを、3人の専門家にうかがいました。どちらも、「今後、自分がする」とあらかじめ予測ができることです。いざというときに慌てないように、早めの準備が大切です。

今日から、本書の中の気になる部分を読んでみてください。中には、親が元気なうちに、一緒に考えたい対策も入っています。本書がこれから「実家じまい」「墓じまい」をする方々のお役に立てれば、とてもうれしく思います。

目次

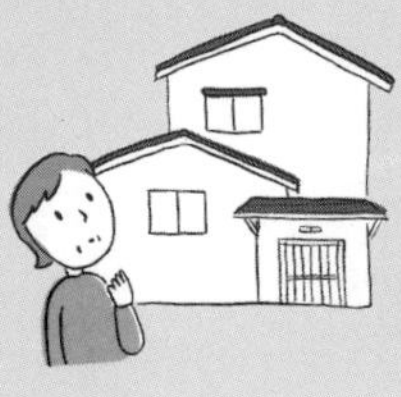

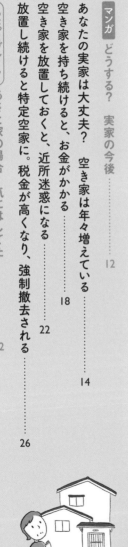

2章 親が元気なうちに、確認しておく「実家のこと」

3章 空き家の放置になる前に、「実家を売却」する

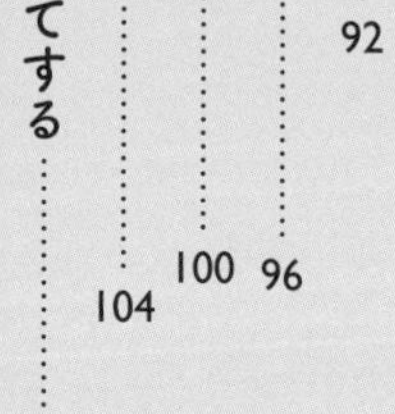

4章 親が亡くなった後の「実家の相続」について

5章 スムーズに終わらせる！「遺品整理」のコツ

6章 「実家のお墓」、どうしたらいいですか？

マンガの登場人物の紹介

アキの夫

アキの次女　アキの長女

主人公・アキ

50代。夫と娘2人の4人家族。親の介護、実家の今後、お墓のことが気になっている。

アキの妹・マキ

アキと3歳ちがいの50代。夫と息子の3人家族。

マキの長男　マキの夫

アキとマキの父母

もの知りばぁば

実家じまい、墓じまいのことをアキに教えてくれる先生。

1章

「誰も住んでいない実家」を放置したらどうなるの?

どうする？　実家の今後

空き家の放置が問題になっています
うーん
アキ
何？
夫・たかし
大阪 妹のマキ
空き家ね～ うちの近所にもあるわ……
うちの実家も両親がいなくなった後を思うと……
あー
どうしよう
庭の草木が伸び放題で
どんより
まずは大阪のマキちゃんとも話してみたら？
ふむ
最近、不審者が出たって
噂にもなってるのよ
へへへ
ぞわ

ご近所に迷惑かけたくないわ～
でもさお姉ちゃん行ける？片づけに
そうねえ～お互い仕事もあるし……
交通費もかかるし……しょっちゅうは無理だよ！
まあ……まだ先のことだし、おいおいね
ねっ
う～ん
数日後——
ねえ
空き家って放置しとくと税金高くなるんだって
ヤダ
え？そうなの？
にゅうっ
先々のことを今から考えておかないと！
も
えっ？
だれ？
わしは、この街の「もの知りばぁば」じゃよ！
も
色々教えるよ！
まあ
はあ

あなたの実家は大丈夫？ 空き家は年々増えている

あなたの実家は、両親が亡くなったり施設に入ったりするなどして、誰も住んでいない状態になっていませんか。もし、「そういえば、1年以上帰っていないな」と思ったら、要注意です。窓ガラスが割れていたり、庭の草木が生い茂ったりしているかもしれません。

テレビや新聞、インターネットなどで「空き家問題」が取り上げられることが増えてきました。「税金が6倍になる」と聞いて、「うちは大丈夫？」と心配になっている人もいるかもしれません。詳しくは、26ページで紹介しますが、まずは日本の空き家の現状を見てみましょう。

実際に空き家は年々増えています。２０１５年に「空家等対策の推進に関する特別措置法」（以下、空家法）が施行され、国が対策を始めました。

ところで、そもそも「空き家」とはどんな状態なのでしょうか。**空家法では、「居住その他の使用がなされていないことが常態であるもの」と規定されています。期間は明記されて**

いませんが、ガイドラインによると1年程度のようです。

5年ごとに発表されている、総務省の2023年「住宅・土地統計調査」によると、2023年の全国の空き家総数は約900万2千戸。2018年に比べて51万3千戸増加しています。そのうち、賃貸や売却をする予定がなく、将来的に管理不全になる可能性がある「賃貸・売却用及び二次的住宅を除く空き家」(以下、放置された空き家)は385万6千戸で、2018年に比べて36万9千戸増加しています。

空き家の問題は日本全体に広がっているので、決して人ごとではありません。あなたの実家が、「放置された空き家」になる可能性はあります。

空き家が増えている大きな理由

では、なぜ「放置された空き家」が増えているのでしょうか。理由の一つは、新築住宅が過剰に供給されていることです。住宅総数は年々増えていて、「住宅・土地統計調査」によると、2023年は6,504万7千戸で、2018年に比べて263万9千戸増えています。日本の人口は減っているので(2024年4月現在、1億2,400万2千人。前年同月に比べて約55万3千人減少。総務省統計局調査より）、空き家が益々増えている状況になっています。

最近では中古住宅をリノベーションすることも注目されていますが、まだまだ新築が人気。また、新しく建てて売るほうが、利益が上がるという社会の仕組みも、新築住宅の供給を後押ししています。

もう一つの理由は、都市への人口の集中です。都心部に人が移動し、新築住宅が供給され、地方は人口が減り、既存住宅が空き家になってしまいます。高齢化が進み、人口が減っている地域ほど、空き家率が高いと言えます。

とはいえ、**空き家になっても適切に管理がされていれば、問題はありません。少なくとも年1～2回は通風や掃除がされていれば、「放置された空き家」にはなりません。**

しかし、活用されずに1年以上誰も訪れなくなると、確実に「放置された空き家」に。空き家が放置されるとどんなことになるのか、この後、詳しく見ていきましょう。

空き家数及び空き家率の推移—全国
(1998年～2023年)

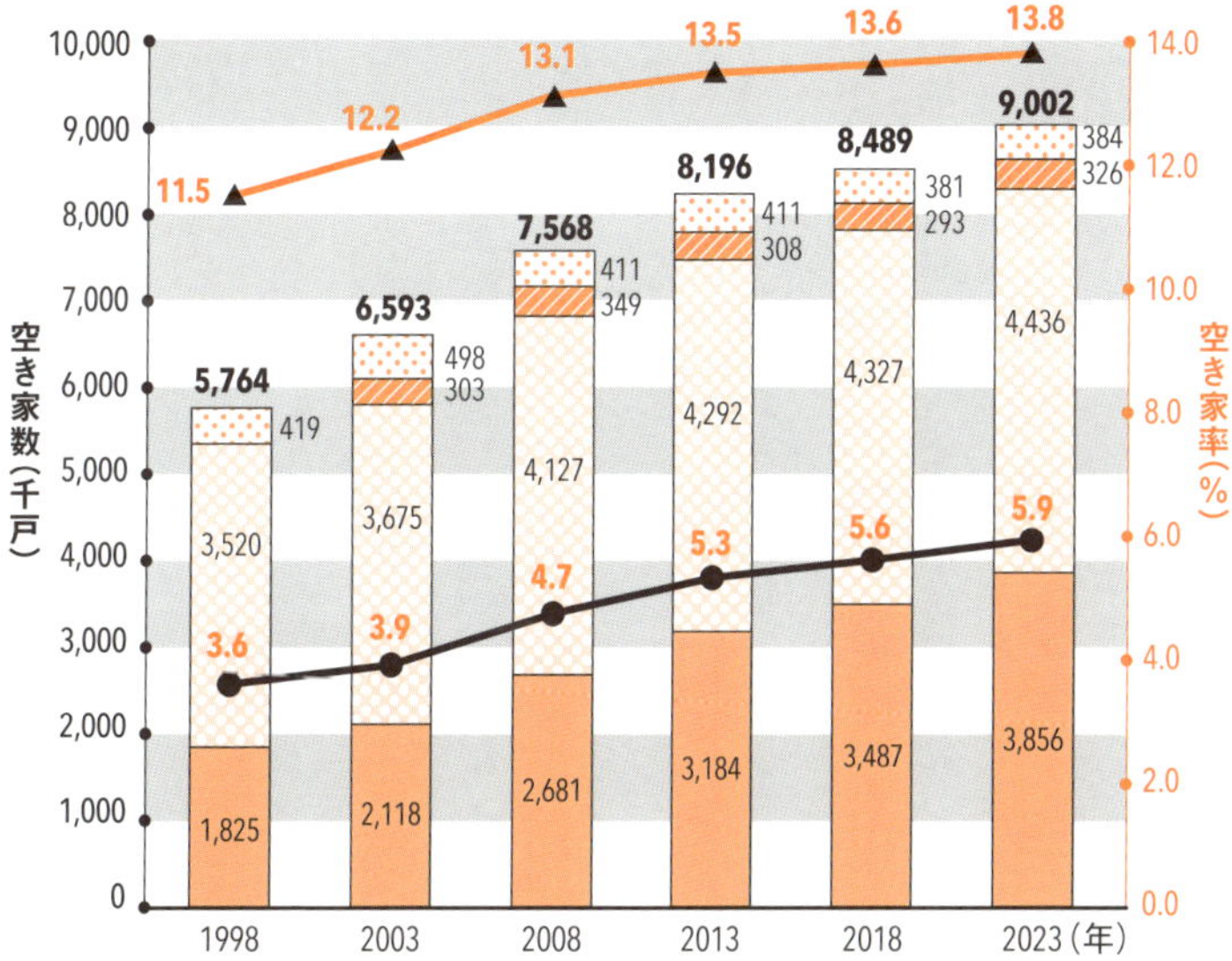

※1998年は、賃貸用の空き家に売却用の空き家を含む。

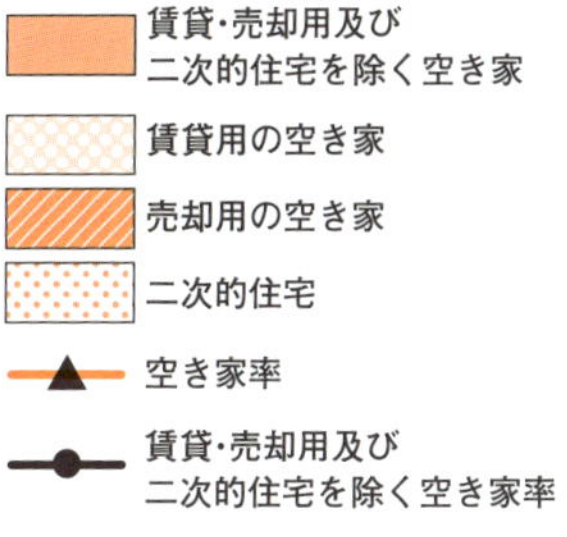

出典：2023年「住宅・土地統計調査」（総務省）

空き家を持ち続けると、お金がかかる

空き家は、持っているだけでお金がかかります。

まずは税金。土地と家屋に対して、固定資産税と都市計画税を払うことになります。これは、土地や家屋の評価額に、それぞれ1.4%と0.3%の税率を掛けた金額です（地方自治体によって税率が変わることがある）。

毎年、4～6月ごろに、市区町村から固定資産税・都市計画税の納税通知書が送られてくるので、親に最新のものを保管してもらい、金額を確認しておきましょう。

マンションの場合は、修繕積立金や管理費も払うことになります。

また、実家が火災保険に入っている場合は、保険料がかかります。空き家になっても近隣の火事によるもらい火や放火のリスクがあるため、火災保険は解約しないほうがいいでしょう。特約がついている場合は、内容を確認して不要ならば解約すると、保険料の節約に

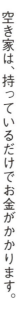

なります。実家を相続した場合は名義を変更する必要があるので、まずは、保険会社に連絡をします。

空き家の管理にはお金が必要

実家を「放置された空き家」にしないために、最低でも年1～2回は通風や掃除を行ったほうがいいとお伝えしました。

その場合、ガスは解約するとしても、**電気や水道が通っていないと不便です。**そのため、月々の電気代と水道代がかかります。

実家に庭がある場合、**年1回の帰省では庭木の剪定や草むしりは追いつきません。近所迷惑にならないように、年2回は、地元のシルバー人材センターや専門業者に頼んだほうがいいでしょう。**

そして、忘れてはいけないのが、**実家に通うための交通費です。**遠方なら往復の飛行機代や電車代、**実家に宿泊しない場合はホテル代**もかかります。

さらに、ご近所さんへの挨拶のための**手土産も必要になります。**頻繁に帰れないからこそ、ご近所との関係は良好に保ちたいもの。きちんと挨拶をしている間柄なら、庭の草木が多少はみ出しても、文句を言われることがないからです。

このように、実家を維持するには、思った以上にお金がかかります。左ページの表を参考に、年間いくらかかるのか具体的に計算してみましょう。実家は長期間放置せずに、早めにどうするのか考えたいですね。

Column

体験談

空き家になった実家の維持にはお金がかかる。住んでいないとより傷む

母が施設に入ってから約1年、実家を維持するために、税金、火災保険、庭木の剪定、水道・光熱費などのお金を負担しました。管理のために定期的に実家に通うので、電気と水道は止めずにいたのですが、あるときトイレが水漏れ！　聞けば、普段から使っていないと水道管が錆びついてしまうそう。住んでいないと家はどんどん傷むのですね。その後、介護費用を確保するために実家は売却。正直ほっとしました。

（50代　Tさん）

実家の管理は年間いくら?

実家を管理するために年間いくらかかるのか計算してみよう。

種類	金額	ポイント
税金(土地と家屋にかかる固定資産税と都市計画税)	円	親に最新の納税通知書を保管してもらう
管理費・修繕積立金(マンションの場合)	円	親が元気なうちに確認しておく
火災保険	円	払う前に内容を確認。不要な特約は外しても
水道・光熱費	円	最小限の基本料金に変更しても
交通費・宿泊代	円	余計な宿泊代をかけないためには、実家に宿泊を
庭木の剪定・草むしり	円	お金はかかるが、アウトソーシングしたほうがラク
ご近所への手土産	円	ご近所には挨拶をして、関係が円滑に
その他	円	
合計	円	

空き家を放置しておくと、近所迷惑になる

もし、何も管理しないで、空き家を放置しておくとどうなるでしょうか。空き家がどんな状態になるのか、一緒に考えてみましょう。

家がどんどん傷んでいく

家は人が暮らしていれば、玄関から出入りするだけで風が通るので、自然に劣化を抑えられます。しかし、**誰もいないと窓を開けることもなく、家の中に湿気がこもってカビが発生したり、木材が水分を吸収して腐ってしまいます。**また、雨や雪などの自然災害で屋根や外壁も傷みます。

庭木が伸びて、隣家の庭にはみ出すことに

庭のある一戸建てでは、庭の管理をしないと、成長した木の枝がお隣りにはみ出して迷惑をかけることになります。特に、**草木が成長する春から夏にかけては、要注意。**年1回の剪定では足りないので、春と秋の2回は必須です。

●ごみなどが不法投棄されたり、不審者に放火されたりする恐れも

誰も住んでいないとわかると、**ごみが不法投棄されることがあります。悪臭の原因になり、不衛生です。**さらに、不審者に侵入されたり、放火されたりする恐れも出てきます。窓が割れたりドアのカギが壊れたりすると誰でも自由に出入りできるようになり、治安悪化につながります。

●ダニやゴキブリなどの害虫、ネズミや犬、猫などが侵入する

掃除をしないと、ダニ、ゴキブリなどの害虫の温床に。ネズミ、犬、猫などの動物が侵入して、住み着いてしまうことも。**ご近所の衛生環境を悪化させます。**

地震などの自然災害で倒壊する

管理が適切にされていない空き家の場合、**地震や台風など自然災害による倒壊のリスクが高まります。**屋根や外壁の落下で、通行人やお隣りに損害を与えると、空き家の持ち主に損害賠償が請求されるケースもあります。

空き家の管理が難しい場合、専門業者に頼んでもいいでしょう。不動産会社、ハウスメーカー、便利屋、NPO法人、市区町村のシルバー人材センターなど、色々な事業者が行っているので、自分たちに合ったものを選びましょう。

Column

体験談

実家がなくなるのが寂しくて維持を。地震が心配で売却

父が亡くなり、母が私の家で同居することになったので、実家が空き家に。近くに住む兄が、月1回ほど換気や庭の手入れのために実家に通ってくれました。私も2カ月に1回ほど行って、荷物の片づけに。実家がなくなるのが寂しい気がし、お正月にみんなで集まったりしていました。でも、別の地方で大きな地震があったとき、「もし、実家の外壁が崩れてお隣りに迷惑がかかったら……」と心配になり、売却を決意しました。

（50代　Oさん）

空き家チェックシート

空き家を管理するために、
チェックすべきポイントをまとめました。

□通水
キッチンや洗面所の蛇口をひねる、トイレの水を流すなど通水を。水道管が錆びて水漏れすることも。

□換気と通風
窓を開けて、換気と通風をする。湿気がこもると、カビの原因になる。

□外観の確認
窓やドアが傷んでいないか、外壁が崩れていないかをチェック。

□室内の確認
傷みはないかをチェック。特に、雨漏りは傷みが進む原因になるので、天井付近を確認。

□ポストの郵便物をチェック
住所変更し忘れた郵便物や、投げ込みチラシなどがたまる。見かけも防犯上も避けたいもの。

□庭木の剪定や草むしり
実家に帰ったときに、剪定や草むしりをする。難しい場合は、シルバー人材センターや専門業者に依頼を。

放置し続けると特定空家に。税金が高くなり、強制撤去される

２０１５年に施行された「空家等対策の推進に関する特別措置法」（以下、空家法）によると、実家を適切な管理をしないで放置し続けると、**市区町村によって「特定空家」に認定され、固定資産税が６倍になったり、50万円以下の過料に課せられたり、解体などの行政代執行が行われたりすることがあります。**

「特定空家」とはどんな状態の家でしょうか？　「空家法」には次のように規定されています。

- そのまま放置すれば、倒壊など著しく保安上危険となる
- そのまま放置すれば、著しく衛生上有害となる
- 適切な管理が行われていないことにより著しく景観を損なっている
- その他周辺の生活環境の保全を図るために放置することが不適切である

「『空き家』を放置しておくと、近所迷惑になる」（22ページ参照）でお伝えしたことが、その

まま「特定空家」の条件になっています。実際に、迷惑に感じた近所の方が役所に通報し、「特定空家」の認定につながるケースも多いようです。

誰も住まなくなったからといって、「特定空家」に認定されることはありませんが、何も管理しないで放置しておくと、「特定空家」になる可能性が高くなります。

空き家の放置→管理不全空家→特定空家の順で認定

さらに、**２０２３年に「空家法」が改正され、「特定空家」になる前の、「管理不全空家」が新設されました。**「特定空家」になってからの対策だけでは、空き家の増加を防げないとされ、より強化されたのです。

管理されずに放置され、「特定空家」になる可能性がある空き家は、市区町村が確認をして「管理不全空家」だと認定をします。所有者に連絡があり、指導や勧告が行われます。放置したままであれば、最大固定資産税が6倍、都市計画税が3倍になります（住宅の広さによって、軽減措置は変わる。28ページの表を参照）。

通常は、**家屋が建っている土地には住宅用地の特例が適用され、税金が安くなっていま**

すが、この軽減措置が適用されなくなります。以前は、かなり傷んだ「特定空家」にならないと、税金が高くなることはありませんでしたが、2023年の法律改正で、思っていたよりも早い段階で、「管理不全空家」として市区町村から連絡が来る可能性があります。

最終的には「強制撤去」される

「管理不全空家」と認定されても所有者が改善しない場合は、いよいよ「特定空家」に認定されます。市区町村が、所有者に助言・指導があり、改善されないと勧告に。

さらに放置されたままならば、50万円以下の過料を課せられます。それでも**改善されな**

固定資産税・都市計画税の住宅用地の特例（通常の場合）

	小規模住宅 （200㎡以下の部分）	一般住宅用地 （200㎡を超える部分）
固定資産税	課税標準の 6分の1に減額	課税標準の 3分の1に減額
都市計画税	課税標準の 3分の1に減額	課税標準の 3分の2に減額

「管理不全空家」や「特定空家」に認定されると、この軽減措置から除外される。

いときは、行政により強制撤去（行政代執行）が行われます。所有者の許可がなくても、家が撤去されることになり、撤去費用は所有者から徴収されます。

２０２３年の「空家法」の改正により、行政による強制撤去がより円滑に行えるようになりました。台風などの自然災害の危険が迫っているような緊急時に、解体が必要な「特定空家」に対して、命令などの手続きを経ずに行政により強制撤去が行えます。

とはいえ、国や市区町村は、強制撤去を目的としているわけではありません。「特定空家」に認定されてしまったとしても、適切に対応すればいいのです。**「空家法」の改正に合わせて、空き家を減らすために市区町村では様々な対策を行っています。**

例えば、空き家の情報提供や相談などをしやすくするために、市区町村が空き家の管理や活用に積極的に取り組むＮＰＯ法人や社団法人などを、「空家等管理活用支援法人」として指定することができるようになりました。

他にも、空き家活用のマッチング制度を運用したり、空き家を地域貢献のために使用する改修には補助金を出したりするなど、自治体ごとに色々なサポートを行っています。また、放置すると倒壊の危険がある空き家の解体費用の一部を、助成してくれる制度がある市区町村もあります。まずは、実家のある市区町村のホームページなどで確認してみましょう。

下表は、「特定空家」「管理不全空家」の状況として、全国の市区町村から報告された数字です。思ったよりも多くの措置が、行われていることがわかります。

また左ページでは、「管理不全空家」と「特定空家」に認定されてから、強制撤去までの流れを紹介します。

全国の状況は?

特定空家（2023年度）

助言・指導	勧　告	命　令	行政代執行
4,246件	534件	74件	33件

その他、「略式代執行」（所有者が特定できない空き家に関して市区町村が行った措置）94件、「緊急代執行」5件

管理不全空家（2023年度）

助言・指導	勧　告
1,091件	0件

空家等対策の推進に関する特別措置法の施行状況等について（国土交通省・総務省調査・2024年3月31日時点）

「特定空家」「管理不全空家」に認定されたらどうなるの？

空き家

↓

「管理不全空家」認定

→ **指導** → **勧告** 税金の住宅用地特例から除外される

↓

「特定空家」認定

→ **助言・指導** → **勧告** 税金の住宅用地特例から除外される

↓

命令 命令に違反すると50万円以下の過料

↓

行政代執行 行政による強制撤去など

気にはしてた

こんにちは マンガと さしえを担当している
あさとと申します
この本のテーマ
実家じまい
ばーーん
はっ
父が認知症になった頃の様子を
マンガに描いたりしたのですが
母の今後
実家どうする
自分の老後
ぼんやりと気にはしつつも後まわしにしてたヤツ…
父が亡くなり、今は母と娘
それぞれひとり暮らしです
埼玉
東京
これから…がんばります
向きあわなくちゃ…
実家じまい
だら
だら
脂汗でちゃう

2章

親が元気なうちに、確認しておく「実家のこと」

親と話そう！　実家と介護

電話で相談
お父さんたちに実家をどうしたいか聞きたいわね
アキ
要介護になったらどうしたいかも気になるよね
マキ
そうね。でも、元気なときは聞きにくいね
「縁起でもない」とかって怒られたりして……
「テレビ番組で特集してたけど、うちはどう？」って聞いてみたら？
なるほどね！いいアイデア
わっ
ばあば
にゅっ
アキの実家
アハハ
ハハハ
今がチャンス！
テレビで「実家じまい」の特集やってたのよ
うちの実家も考え始めました
夫
そうなんだな
でね、お父さんたちもこの先どうしたいか教えて。要介護になったらどうしたい？この家どうする？
ずい
っっっ

そうだな〜。アキやマキに迷惑かけられないしな
考えてみないとね。色々話を聞いてね
父
母
遺言書のこと調べてみようかな
わっ
おじいちゃんドラマみたい！
今はね、エンディングノートっていうのもあるのよ。もしものときのために、貯金とか保険のこともまとめておいてほし……
はっっ
数日後—
親が元気なうちに確認しておいたほうがいいことは、まだ色々あるよ！
そうなの？？
あんまり一気に言わないで。少しずつね！
つい、私のペースで急かすところだった
ムググ
実家の名義は？抵当権は？境界線は？家関係の書類はどこ？認知症になったら？
おばあちゃん、詳しく教えて！
ずらずらずら

実家とお金のことをまとめておいてもらう

できるだけスムーズに「実家じまい」をするためには、親が元気なうちに、今後実家をどうしたいのか聞いておくといいでしょう。特に、介護が必要になったとき、どのように過ごしたいのかは気になるところです。

お互いにあまり深刻にならないように、まずは「身の回りのことができるうちは、自宅で暮らしたい」「子どもに迷惑をかけたくないから、介護が必要になったら施設に入りたい」といった、親の気持ちを聞いてみることが大切です。

できるだけ自宅で暮らしたいなら、リフォームをして、暮らしやすくするのもいいでしょう。施設に入ることを希望しているなら、空き家になった家はどうしてほしいのかを聞いておいてもいいですね。

とはいえ、元気なうちは、なかなか話しにくいもの。「テレビで空き家問題が取り上げら

れていた」「○○さん（有名人）は介護が始まったと、新聞で読んだよ。うちもそろそろ考えようよ」など、メディアで話題になっていることを話のきっかけにするのはどうでしょう。**一度の話し合いですべてを解決しようとしないで、少しずつ話します。話し合いを重ねることで、徐々にスムーズに話せるようになります。**

そんなときに役に立つのが、エンディングノートです。書くことで考えが整理される場合もあります。市販のものでもいいですが、空き家問題の対策として、国土交通省、日本司法書士会連合会、全国空き家対策推進協議会が共同で、「住まいのエンディングノート」を作成しています。ネットからダウンロードできるので活用しましょう。

（https://www.mlit.go.jp/jutakukentiku/house/jutakukentiku_house_fr3_000054.html）

また、もしものときのために、財産記録をつけておいてもらうと安心です。「実家じまい」はもちろん、親が認知症になったときなどにも役立ちます。38ページの財産記録表を参考に、ノートに手書き、パソコンで作成など、書きやすい方法でまとめてもらいましょう。一度作ったら終わりにするのではなく、変更があったときにアップデートしておいてもらうことも大切です。

財産記録表

親が元気なうちに、親の財産をまとめておいてもらいましょう。以下の表を参考に、必要なものを加えたり、不要なものは削除したりしてください。

●預貯金

金融機関名	支店名	種類(普通・定期)	口座番号	金額	その他

●生命保険

保険会社名	種類	証券番号	受取人	金額	その他

●有価証券(株・投資信託・国債など)

金融機関名	支店名	種類	口座番号	金額	その他

●不動産

種類(土地・建物など)	所在地	名義人	抵当権	評価額	その他

●ローン

借り入れ先	連絡先	金額と残高	返済期限	借り入れ目的	その他

●その他(車、宝石、骨董など)

種類	金額	保管場所	誰に譲るか	その他

＊重要な個人情報になりますので、保管には十分注意してください。

施設の入居費用のため生前に実家を売却する

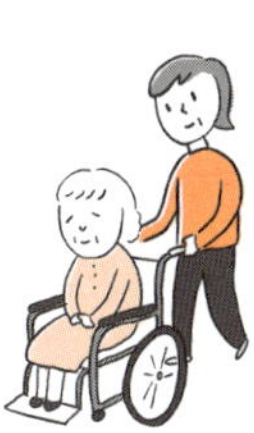

親が施設への入居を希望していても、親の貯蓄や年金では入居費用が足りない場合があります。そのときは、実家を売却して施設への入居費用に充てるのも一つの方法です。

まずは、預貯金、年金、株などの有価証券を売却して得られるお金、生命保険の解約返戻金など施設の入居費用に充てられるお金を、親に書き出してもらいます。38ページのような財産記録表があれば、ラクに計算できます。介護が必要になったときに入所を検討する主な施設を41ページにピックアップしたので、参考にしてください。

実家の売却は、3章を参考に進めます。**売却で得た譲渡所得の税金を低く抑えるために、「居住用財産を譲渡した場合の3,000万円の特別控除」を活用します。**住んでいた本人が売る場合に、譲渡所得から3,000万円が控除されます（確定申告は128ページを参照）。主な条件は次のとおりで、施設に入居しても3年以内なら適用されます。

●住んでいる家屋か、住まなくなって3年以内の家屋（住まなくなってから3年を経過する日の年の12月31日までに売ること）。

●売った年、前年、前々年に、その他の控除の適用を受けていないこと。

●売り手や買い手が、親子、夫婦などの特別な関係でないこと。

3,000万円の特別控除をしても、まだ課税される場合は、下表の「マイホームを売ったときの軽減税率の特例」が使えます。

居住期間が10年を超えることなどの条件はありますが、通常の税率よりも最大で所得税は5%、住民税は1%低くなります。

「マイホームを売ったときの軽減税率の特例」の税率

譲渡所得金額	所得税	住民税
6,000万円までの部分	10%	4%
6,000万円を超える部分	15%	5%

※2037年まで復興特別所得税として所得税の2.1%を合わせて、納税する。

介護が必要になったときに入居を検討する主な施設

要介護度や認知症など症状に合わせて、入居できる施設が変わります。公的施設は費用は抑えめです。民間施設はサービス内容に合わせて、費用が変わります。

●公的施設

施設名	特　徴	費用の目安
特別養護老人ホーム（特養）	要介護3以上の人の生活施設。食事、入浴などの日常生活の世話、健康管理など療養上の世話を行う。順番待ちのことも多く、すぐに入所できないことも	入居時 0円 月額約 5～15万円
介護老人保健施設（老健）	要介護1以上の人が自宅復帰を目指して、リハビリするための施設。期間は3～6カ月。特養の入居待ちのために利用することもある	入居時 0円 月額約 6～16万円
介護医療院	要介護1以上で、医療と介護が必要な人が利用する。日常生活を支えるケアも行うが、長期療養できる医療施設である	入居時 0円 月額約 6～17万円

●民間施設

施設名	特　徴	費用の目安
介護付き有料老人ホーム	一般的に65歳以上要介護1以上の人が入居する、介護、生活、医療などの支援が受けられる施設。施設によってサービス、料金は様々だが、公的施設よりも料金は高めのことが多い	入居時0～3億円 月額約15～100万円
サービス付き高齢者向け住宅	自立者向け、要介護者向けのものがある。一般的には65歳以上要介護1以上の人が入居する、賃貸方式の住まいになる	入居時0～2億円 月額約10～100万円
認知症高齢者グループホーム	認知症の人の小規模な施設。地域密着型なので、住んでいる自治体の施設に入居できる。介護度が高くなると、退去を求められることもある	入居時 0～100万円 月額約 12～40万円

相続税がかかりそうならば、**非課税の生前贈与**を活用する

「相続税はかかるのかな？」と気になるときは、親とも相談してみましょう。国税庁の統計によると、２０２２年に相続税の課税対象となった人は、死亡者数に対して9.6％です。大体10人に１人が相続税を払っています。２０１５年に相続税の基礎控除額が引き下げられてから、増加傾向です。

相続税に関しては１３８ページから詳しく説明していますが、**親から相続する財産が、３,０００万円＋６００万円×法定相続人（法律で決められた相続人）の数以上の場合は、相続税を払うことになります。**

気になるのは、実家の相続税評価額（相続税を計算するときの基準となる価格）です。預貯金や株などの有価証券、生命保険は金額がはっきりしているのでわかりやすいのですが、実家の評価額は自分で計算する必要があります。ここではまだ実際に相続税を払うわけで

はなく、大体の金額の目安がわかればいいので、簡易な計算方法を紹介します。

まずは、実家に市区町村から送られてくる、固定資産税の納税通知書を用意します。同封されている、課税明細書の固定資産税評価額（各自治体が算出している。固定資産税・都市計画税の算出基準になる）を確認します。

建物は、建物の固定資産税評価額が相続税の評価額になります。土地は、固定資産税評価額÷0.7×0.8で計算します。固定資産税評価額は公示価格（国土交通省が公示する土地の価格）の7割で設定され、公示価格の8割が路線価（国税庁が相続税の算定基準にしてい

相続税評価額の簡単な計算法は？

相続税がかかるかどうか確認するために、大体の金額を算出する方法です。

- **建物：固定資産税の納税通知書の固定資産税評価額**
- **土地：固定資産税評価額 ÷ 0.7 × 0.8**

例：建物の評価額が300万円、土地の評価額が2,000万円の場合

300万円＋2,000万円÷0.7×0.8＝**約2,586万円**

る）なので、この計算式を使います。

実家の評価額に、親の預貯金や株などの有価証券、生命保険などの金額を足したものが、3,000万円＋600万円×法定相続人の数よりも高くなった場合は、相続税を支払う可能性があります。その場合、親に非課税の生前贈与をお願いし、相続財産を減らしてもらってもいいでしょう。ただし、親の生活を圧迫するような金額の贈与はしないよう注意を。

使い道が限定されていない贈与は、暦年贈与です。年110万円を超えない贈与ならば、贈与税がかかりません。例えば、子どもや孫5人に年110万円ずつ10年間贈与すれば、5,500万円を相続財産から減らすことができます。ただし、2024年1月から、贈与者が亡くなった日からさかのぼって7年以内に行われた贈与は、相続税の対象になりました。ですから、なるべく早めに贈与を始めたほうがいいでしょう。

その他、**住宅取得、教育資金、結婚・子育て資金と使い道が決まっている贈与があります。**左ページにまとめたので、参考にしてください。それぞれに期限がありますが、延長されることもあるので、最新情報を国税庁のホームページで確認しましょう。

非課税の主な生前贈与

種類	誰に?	金額と目的	注意すべきこと
暦年贈与	子ども・孫	毎年110万円	定期贈与と判断されると贈与税がかかるので、時期、金額など贈与の仕方に注意する
住宅取得等資金の贈与（2026年12月31日まで）	子ども・孫	住宅を購入・増改築するときに。耐震性能、省エネ機能、バリアフリー機能を持つ住宅には1,000万円、その他の一般住宅には500万円	適用には条件がある（住宅の床面積は40㎡以上240㎡以下で、かつ、床面積の2分の1以上が受贈者の居住であることなど）
教育資金の一括贈与（2026年3月31日まで）	30歳未満の子ども、孫	教育資金を1,500万円まで	受贈者が30歳になったとき、残金があれば贈与税がかかる
結婚・子育て資金の一括贈与（2025年3月31日まで）	18歳以上50歳未満の子ども、孫	結婚・子育ての資金を1,000万円まで	受贈者が50歳になったとき、残金があれば贈与税がかかる

実家関係の書類の保管場所を聞いておく

不動産関係の書類を両親にまとめておいてもらうと、いざというときに慌てません。どこに保管してあるのか、聞いておきましょう。

●売買契約書

実家を購入したときに交わした契約書で、土地と家をいくらで買ったのかがわかります。**実家を売却して譲渡所得があった場合に確定申告をしますが、そのときにあれば、税金を低く抑えられます（128ページ参照）。**

●不動産の権利証（登記済証・登記識別情報通知書）

不動産の所有者であることの証明になる書類です。権利証は通称で、正式名称は「登記識別情報通知書」といいます。2005年の不動産登記法の改正以前は、「登記済証」でした。「登記識別情報通知書」は、相続登記(名義変更)のときは必要ありません。ただ、**親が生前に実家を売却するとき、生前贈与をするときには必要です。**

長い年月が経っていると、見つからない場合もあるでしょうが、「登記識別情報通知書」の再発行はできません。もし、紛失してしまっても、二つの方法で所有権移転登記は可能です。一つは「事前通知制度」を利用すること。登記するときに、登記所に「登記識別情報通知書」を提出できないと記載して申請すると、登記名義人の住所に、本人限定受取郵便によって通知が届きます。この事前通知に間違いがないと署名捺印して、2週間以内に返送します。

もう一つは、「本人確認証明情報」を利用すること。司法書士などの有資格者が、本人であることを確認し、「本人確認証明情報」を作成して登記所に提出します。

「事前通知制度」は手数料はかかりませんが、手間と時間がかかります。「本人確認証明情報」は司法書士に支払う手数料がかかります。

●固定資産税・都市計画税の納税通知書

毎年4～6月に市区町村から送られてくるので、一番新しいものを保管しておいてもらいましょう。親が亡くなった後に実家を維持するとき、固定資産税と都市計画税を払うので目安になります。また、課税明細書に記載がある固定資産税評価額を使って、**相続税の目安（43ページ）がわかります。**

●印鑑登録書と実印

親が生前に実家を売却するときは、親の実印と印鑑登録証明書が必要になります。印鑑登録証明書が必要な場合、市区町村の役所の窓口で、印鑑登録書で申請します。コンビニエンスストアでマイナンバーカードを使って申請もできます。

亡くなった後の相続には、親の実印は必要ありません。死亡届を出せば、印鑑登録の廃止手続きが自動的に行われます。親の印鑑登録書や実印は、処分します。

そのほかこんなことも確認しておこう

一戸建てはメンテナンスを自分でやらなければならないので、庭木の剪定、水回りの大掃除やメンテナンス、外壁の塗装など、やり方や実施するサイクルを教えてもらっておくと、空き家の管理に役立ちます。専門業者に頼んでいるなら、業者リストを作っておいてもらうと重宝します。

また、マンションは管理費、修繕積立金のほかに、大規模修繕の金額や時期も忘れずに。大規模修繕の進め方はマンションによって様々なので、事前に知っておくと安心です。

実家の名義を確認しておく

２０２４年４月１日より、相続登記は義務化されました。相続登記とは、亡くなった人が所有していた不動産の名義を変更することをいいます。それまでは、相続登記は義務ではなかったので、前の所有者から名義を変更していない場合がありました。

しかし、空き家が放置される原因の一つは、家の所有者が不明になって管理されていないことなので、そのような事態をなくすために法律が改正されました。

この改正では相続登記の期限が設けられ、「自分が相続人であることを知り、かつ、不動産の所有権を取得したことを知ったときから3年以内」となりました。正当な理由がなく期限を守らないと、10万円以下の過料が課せられることがあります。

２０２４年４月１日以前に相続した不動産も、義務化の対象になります。その場合は、２０２７年３月31日までが期限となります。

実家の名義が親でない場合もある

通常は、親が亡くなった後、親から子どもへ相続登記をします。名義を変更しておかないと、実家を売却できません。実家を有効活用しにくくなって、放置する原因にもなってしまいます。

しかし、以前は義務ではなかったので、実家の相続登記がされていない場合があります。ですから、親が元気なうちに、実家の名義を確認しましょう。

実家が相続登記したかどうかわからないときは、法務局で「登記事項証明書」を取り寄せます。直接窓口で、または、オンライン「登記ねっと」で申請することができます。オンラインなら郵送で受け取ることができ、手数料も安く抑えられます。「登記事項証明書」は本人以外も申請できるので、子どもがすることも可能です。

「登記事項証明書」の所有権に関する事項を確認し、親の名前になっていれば、相続登記がされていることになります。

もし、親の名義になっていない場合、前の名義人（祖父など）から親に変更しておきます。その際、親の代の相続人の同意が必要なので、親が元気なうちにしておいてもらったほうがいいのです。相続人が亡くなっているなど手続きが複雑になる場合は、司法書士などの専門家に依頼することをおすすめします。

国は相続登記を促すために、祖父母から親に相続登記されずに、親が亡くなってしまった場合、「相続登記の登録免許税の免税措置」の制度を設けています。祖父母から親への相続登記の登録免許税が免税になります（２０２５年3月31日まで）。ただし、先に説明したように手続きが複雑になることもあるので、なるべく早いうちにすませておいたほうがいいでしょう。

お隣りとの境界線を確認しておく

お隣りとの境界線は、親が元気なうちに確認しておきたいことです。どこからどこまでが自分の土地なのか境界がはっきりしていないと、実家を売ることもできません。

まずは、**親に「境界石はどこにあるの？」と聞いてみましょう。**「**境界石」とは、5～10㎝角くらいの杭のようなもの。**お隣りや道路との境界に埋め込まれています。材質は、コンクリート、石、プラスチック、金属などで、頭の部分に境界点を示す矢印や十字が施されています（55ページ参照）。「境界票」とも言われています。

「境界石」の確認は、お隣りにも声をかけたほうがいいので、つき合いがある親が対応するのがスムーズです。

もし、「境界石」が見つからずに、境界が曖昧な場合は測量をしたほうがいいでしょう。測量をするには、二つのやり方があります。

●**現況測量**

土地の現況を知るために、その土地を見たままに測量します。隣地所有者の立ち会いが不要で、費用も安く済みます。ただし、境界線の確定の効力はありません。

●**確定測量**

隣地所有者の立ち会いのもと、境界を確認しながら測量します。道路以外の境界のことを民々境界と呼びます。また、道路との境界は官民境界と呼び、市区町村や国の立ち会いも必要になります。現況測量に比べ、費用も期間もかかります。

できれば確定測量をしたほうが、隣地所有者とのトラブルを防ぐことができます。どちらの場合も、測量士か土地家屋調査士に依頼しますが、**より専門性の高い土地家屋調査士のほうがいいでしょう。**

日本土地家屋調査士会連合会のホームページでは、全国各地の土地家屋調査士会を紹介しています。会員登録している、実家の近くの土地家屋調査士に連絡をしてみてもいいですね。

土地の値段が高い都心では、1平米違っただけでも価格が変わるので、きちんと測量することをおすすめします。測量代は、土地の広さ、隣地所有者の数などによって変わってきます。依頼するときは、事前に見積もりを取ってもいいでしょう。

また、境界の位置がはっきりしているけれど「境界石」がない場合は、今後のトラブルを防ぐためにも、「境界石」を建ててもいいですね。

境界石の頭部の標識

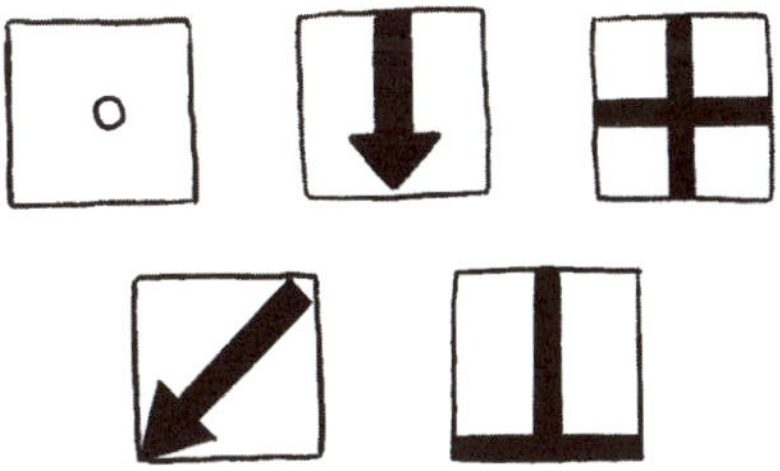

頭部に境界点の位置を示す標識がついている。矢印のものは、矢印の先が境界点、2本線のものは交わっている部分が境界点です。

実家が**抵当権を抹消**してあるのか、確認しておく

抵当権とは、住宅ローンを借りるとき、金融機関が土地や建物を担保にする権利です。もし、住宅ローンが返済できなくなったら、金融機関は抵当権を設定した土地や建物を売って返済してもらうことができます。

通常は、住宅ローンを完済したとき、抵当権を抹消する手続き（抵当権抹消の登記）をします。これは金融機関がしてくれるわけではないので、自分ですることになります。もし、親が手続きをしていなければ、抵当権がそのまま残っています。手続きをしなくても、特に支障がないので、忘れるのはよくあることです。

抵当権が抹消されていないと、実家の売却ができません。親が元気なうちに、「抵当権抹消の手続きをした？」と確認しておきましょう。「わからない」という答えだったら、法務局から

「登記事項証明書」を取得し（51ページ参照）、抵当権の欄を確認します。アンダーラインが引いてあれば、抵当権が抹消されていることになります。

抵当権を抹消するためには、親がローンを組んでいた金融機関に連絡をし、必要な書類を送ってもらいます。ローンのやり取りは親がしていたので、親に手続きをしてもらったほうがスムーズです。そして、**法務局のホームページから「登記申請書」をダウンロードして、金融機関から送ってもらった書類の情報などを記載していきます。さらに、登録免許税分の収入印紙を添付します（収入印紙は郵便局、コンビニエンスストアなどで購入可能）。**

「登記申請書」は、実家を管轄する法務局の窓口に提出するか郵送します。そして、「登記完了証」を受け取り、手続きは完了します。

マイナンバーカード、ICカードリーダライタなどが必要ですが、抵当権抹消の登記をオンラインでする方法もあります（詳細は、法務局のホームページ参照）。

実家やその他の財産の残し方を、**遺言書**に書いてもらう

遺言書は、相続で一番優先されるものです。親は遺言書によって財産を自由に、残された人に相続させることができます。

親が実家を含めた財産をどのように残したいか決めているなら、遺言書を書いておいてもらいましょう。例えば、実家のような不動産は分けることが難しいので、「実家は長男に、預貯金は長女に譲る」などと決めてしまえば、「お父さんが決めたことだから……」と、相続人が納得し、相続でもめることが少なくなります。遺言書がなければ、通常は、法定相続人に法定相続割合で、相続が行われます（148ページ参照）。

遺言書には、主に二つの種類があります。遺言者が自分で書く「自筆証書遺言」と公証人（裁判官、検察官、弁護士の法律実務に携わった人の中から法務大臣によって任命される）が遺言

者から内容を聞いて、公正証書として作成する「公正証書遺言」です。親と相談をしてやりやすい方法で、遺言書を作成しましょう。

「自筆証書遺言」は手軽に書ける

「自筆証書遺言」は、遺言者が遺言の全文を手書きにして押印します。財産目録はパソコンでの作成も可能で、預貯金通帳のコピーや不動産の登記事項証明書などの資料を添付してもいいのですが、すべてのページに署名と押印が必要です。

長所は、**費用がかからずに手軽であること。自宅で気軽に空いた時間に作成でき、状況や気持ちが変わったら、自分で書き直しもできます。**また、自分だけで作成できるので、内容を他の人には知らせずにすみます。

一方、短所としては、遺言書の形式に則っていないと無効になること、相続人に伝えておかないと、被相続人の死後に見つからないことです（前もって伝えておくと、勝手に書き変えられる心配もあり、判断に迷う部分）。さらに、開封するとき、偽造や改ざんを防ぐために、家庭裁判所の検認が必要なのです。検認の費用は遺言書1通につき800円、検認済証明書の発行は1通につき150円です。

これらの短所を解消するため、**2020年7月より「自筆証書遺言書保管制度」がスタートしました。** これは遺言書と財産目録を全国の法務局で保管してもらうことができる制度です。

提出するときに、法務局職員が確認するため、外形的なチェックが受けられます（ただし、遺言書の有効性を保証するものではない）。

法務局で保管されているので、紛失や改ざんの恐れがありません。遺言者が亡くなったときに、あらかじめ指定された人に通知されるので、遺言書が発見されないということがなくなります。さらに、開封時の裁判所の検認は不要になりました。

「自筆証書遺言書保管制度」の費用は1件3，900円です。ただ、この制度を申請できるのは遺言者本人になるので、病気などで入院していると難しくなります。両親が元気なうちに遺言書を書いて、申請してもらうと安心です。

「自筆証書遺言」の記載例

用紙はA4サイズを使用し、余白は、上、右は５ミリ以上、左は20ミリ以上、下は10ミリ以上開ける。

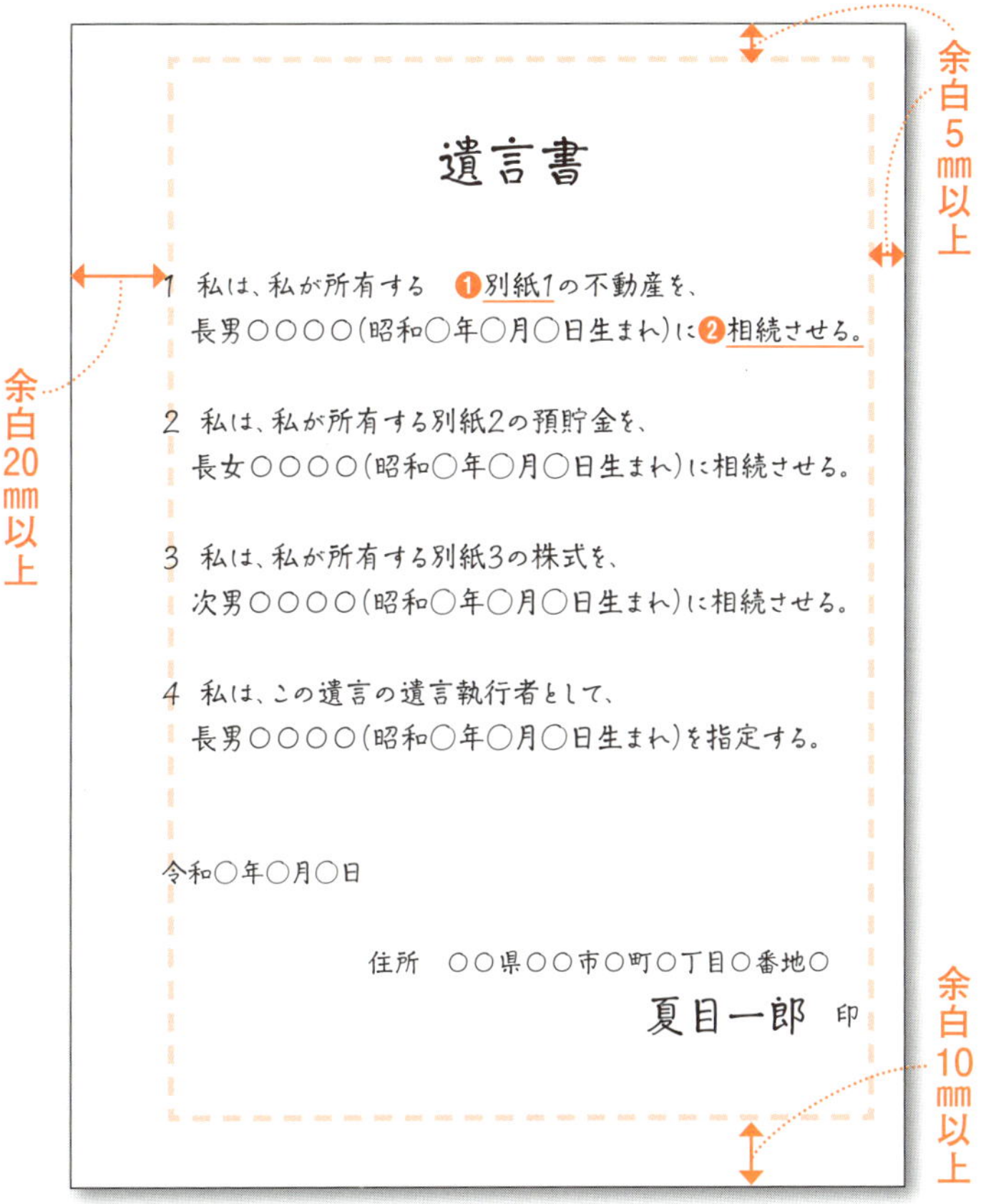

遺言書

1 私は、私が所有する ❶別紙1の不動産を、
長男○○○○(昭和○年○月○日生まれ)に❷相続させる。

2 私は、私が所有する別紙2の預貯金を、
長女○○○○(昭和○年○月○日生まれ)に相続させる。

3 私は、私が所有する別紙3の株式を、
次男○○○○(昭和○年○月○日生まれ)に相続させる。

4 私は、この遺言の遺言執行者として、
長男○○○○(昭和○年○月○日生まれ)を指定する。

令和○年○月○日

住所 ○○県○○市○町○丁目○番地○
夏目一郎 印

❶財産目録はパソコンで作成してもよい。不動産の場合は登記事項証明書、預貯金の場合は通帳、株式の場合は株券をコピーして添付してもよい。

❷推定相続人は「相続させる」または「遺贈する」、推定相続人以外の者には「遺贈する」と記載する。

「公正証書遺言」は専門家に依頼できる

「公正証書遺言」は、公証役場で証人2人の立ち会いのもと、遺言者が遺言の内容を公証人に述べて、遺言書を作成してもらう方法です。内容に間違いがないか確認し、遺言者が署名、押印をして完了します。遺言書は、公証役場で保管されます。

ただ、遺言者が亡くなっても、公証人から連絡が来ることはありません。遺言者は元気なうちに、遺言書を作成したことを相続人に伝えておきましょう。

長所は、**専門家が遺言書を作ってくれるので、内容に間違いがないことです。公証役場に保管されるので、偽造や改ざんの恐れもありません。**また、原本の写しである正本（原本と同じ効力がある）・謄本は、作成したときに交付（1枚250円）してもらえます。相続手続きは、正本・謄本でもでき（金融機関などによっては正本の提示が求められることもある）、開封時の裁判所の検認も不要なので、すぐに遺言の内容を実行できます。

一方、短所としては、作成するのに手数料がかかります。遺言書に残す財産の金額によって変わってきますが、例えば、3,000万円を超えて5,000万円以下は29,000円、5,

000万円を超えて1億円以下は43,000円（日本公証人連合会ホームページより）です。

また、内容の確認や不正の防止のために、証人2人を立てる必要があります。相続人は証人にはなれません。適当な証人がいないときは、公証役場で紹介してもらえます。

公証役場で遺言書を作成する自信がないときは、司法書士などの専門家に依頼してもいいでしょう。内容の相談にのってくれたり、必要書類をそろえてくれたり、証人になってもらえたりします。公証役場に払う手数料のほか、専門家への報酬がかかりますが、間違いのない遺言書になります。


なお、**遺言書は何度でも書き直すことができます。日付が新しいものが優先されます。**「自筆証書遺言書保管制度」の場合は、遺言書の返還を申請して古い遺言書は破棄し、新しい遺言書を申請します。「公正証書遺言」の場合は、公証役場に行って古いものを撤回し、再度遺言書を作成。再び証人2人の同席が必要です。

自筆証書遺言と公正証書遺言の主な長所と短所

	自筆証書遺言	公正証書遺言
長所	・費用がかからない ・自分で手軽に書け、状況が変わっても書き直せる ・内容は相続者に秘密にできる	・専門家が作成をしてくれるので、無効になることはない ・書き替え、隠匿の恐れが少ない ・家庭裁判所の検認が不要
短所	・要件を満たしていないと無効になることも ・紛失したり、見つからない可能性がある ・遺言者の死後、家庭裁判所の検認が必要	・手数料がかかる ・専門家に依頼する場合は、さらに費用がかかる ・証人が2人必要
短所をカバーすること	・自筆証書遺言保管制度を使う。法務局の職員が大まかに確認 ・あらかじめ指定すれば、遺言者の死後、通知がもらえる。検認が不要	・費用を抑えるには、自分で公証役場に行って、作成してもらう ・手間を省くために、司法書士などの専門家に相談。証人も用意してくれる

遺言書を書くときは、「遺留分」に注意

親は自分の財産を自由に相続させていいと先にお伝えしましたが、**遺族の生活の保障などの観点から「遺留分」の制度が設けられています。**例えば、相続人が配偶者、子どもの場合、法定相続分の2分の1は、必ず相続できます。遺言書に遺留分が考慮されていないときは、配偶者、子ども、両親は遺留分に相当する金銭の支払いを請求できます。これを「遺留分侵害額の請求」といいます。

遺言書を書くときには、「遺留分」を考慮することを忘れないようにしましょう。

配偶者と子ども2人が1,000万円を相続した場合の遺留分

	通常の法定相続分	必ず相続できる遺留分
配偶者	500万円 (遺産総額の1/2)	250万円 (法定相続の1/2)
子ども1	250万円 (遺産総額の1/4)	125万円 (法定相続の1/2)
子ども2	250万円 (遺産総額の1/4)	125万円 (法定相続の1/2)

遺留分とは相続人が最低でも相続できる権利。ただし、請求する必要がある。

相続時精算課税制度で、実家を生前贈与してもらう

親の認知症が心配な場合は、元気なうちに実家を生前贈与してもらうのも手です。認知症になると、実家の売却はできなくなるからです。親が認知症で施設に入ってしまい、何年も空き家になっているという状況を避けることもできます。

生前贈与されると贈与税がかかりますが、贈与額2，500万円まで贈与税がかからない「相続時精算課税制度」を利用することができます。2，500万円を超えて贈与された部分には、一律20％の贈与税がかかります。

「相続時精算課税制度」は税金が免除されるわけではなく、相続時に、贈与された分は相続財産に加算されて精算するというものです。

ただし、相続時に、親の財産が、生前贈与された分も含めて基礎控除内（3，000万円＋600万円×相続人の数）であれば、相続税を払う必要はありません。また、相続財産に加算

されるのは贈与されたときの実家の不動産評価額なので、値上がりが見込まれる場合は、税金を安く抑えられます。値上がり前の評価額に対して、相続税がかかることになるからです。

２０２４年から、贈与額２，５００万円に年１１０万円の基礎控除分も加算されることになりました。そのため、「２，５００万円＋１１０万円×贈与年数」で計算した贈与額までは、贈与税はかかりません。

この制度を利用する場合は、贈与を受けた翌年の２月１日から３月15日までに税務署に書類を提出します。生前贈与の方法として、「暦年贈与」（44ページ参照）もありますが、二つの制度は併用ができず、「相続時精算課税制度」を選択すると、「暦年贈与」に戻れません。個別の状況によってどちらが得なのかが変わりますので、比較検討することがおすすめです。二つの制度で違う部分は、「暦年贈与」は相続開始から７年以内に行われた贈与は相続財産に加算されますが、「相続時精算課税制度」は７年以内でも年１１０万円の基礎控除分は相続財産に加算されません。親が高齢になってから、基礎控除内で贈与をしたい場合は、「相続時精算課税制度」が有利なことが多いでしょう。

実家の所有者になると、他にもお金がかかる

実家を生前贈与された場合、贈与税の他にかかる税金や、新たに親に代わって払う税金などがあります。生前贈与を行う前に確認しましょう。

●登録免許税

登記の手続きをするとき、国に納める税金。土地、建物ともに、固定資産税評価額の２％になります。

●不動産取得税

土地や家屋を贈与などで取得したとき、都道府県に納める税金。土地、建物ともに、固定資産税評価額の４％になります（２０２７年３月31日までは土地、建物ともに３％の軽減措置あり）。

●固定資産税・都市計画税、マンションの管理費・修繕積立金ほか

実家の所有者になったので税金、マンションならば管理費、修繕積立金を払います。登記変更をするとき、司法書士などの専門家に依頼する場合、手数料もかかります。

「相続時精算課税制度」を使うとどうなるの？

「相続時精算課税制度」を利用して親から子へ生前贈与された場合、さらに相続時に他の相続財産と合算した場合をシミュレーションしてみました。

●2,000万円の実家を生前贈与される

・「相続時精算課税制度」を利用しないで、贈与税を払う場合

2,000万円－110万円（基礎控除分）＝1,890万円

1,890万円×45％（税率は下表参照）－265万円＝**585万5,000円（贈与税）**

・「相続時精算課税制度」を利用して、贈与税を払わない場合

2,000万円－2,610万円＝**－610万円（贈与税はかからない）**

＊「相続時精算課税制度」を利用しないと、贈与税を払うことになる。ただし、2,000万円の生前贈与は、以下のように、相続時に相続財産に加算される。

●相続時は他の財産と合算して相続税の計算をする

・「相続時精算課税制度」を利用した場合の相続時

（その他の相続財産が1,000万円の場合。相続人は配偶者と子ども2人）

2,000万円（相続時精算課税制度で生前贈与）

＋その他の相続財産1,000万円＝3,000万円

3,000万円－4,800万円（基礎控除分）＝**－1,800万円（相続税はかからない）**

＊ただし、生前贈与分とその他の相続財産と合算して基礎控除額を超えたら、相続税を払うことになる。

贈与税の税率（特例贈与）

基礎控除後の課税価格	200万円以下	400万円以下	600万円以下	1,000万円以下	1,500万円以下	3,000万円以下	4,500万円以下	4,500万円超
税率	10%	15%	20%	30%	40%	45%	50%	55%
控除額	—	10万円	30万円	90万円	190万円	265万円	415万円	640万円

※特例贈与（父母や祖父母などの直系尊属から、成人の子や孫などの直系卑属への贈与）以外の場合は一般贈与となり、税率は高くなる。

認知症に備えて、家族信託や成年後見制度について話しておく

親が認知症になったときに備えて、元気なうちに「家族信託」や「成年後見制度」について、話し合っておくのもいいでしょう。

「家族信託」とは、家族による財産管理法です。財産を持つ人が、認知症や介護が必要になって財産管理ができなくなる前に、家族に管理や処分を任せる仕組みです。

認知症になると、実家の処分ができなくなったり、預貯金が引き出せなくなったりしますが、親が元気なうちに親と子どもで家族信託をしておくと、いざというときに、子どもが財産を管理ができるようになります。親の預貯金を介護費用に充てたり、親の家を売って施設への入居資金などにすることも可能です。

ここでは、親の財産の中でも「実家」の管理と売却を子どもに任せる方法を紹介します。

まず、財産（実家）を持っている親が「委託者」に、管理を任せる子どもが「受託者」になります。さらに、利益が出たときに受け取る「受益者」は、委託者と同一人物（ここでは親とする）になることが多いですが、配偶者など別の人でも構いません。家族信託は、この3者によって構成されています。ただし、「受益者」と「受託者」が同一人物になる場合は、信託法によって期間が1年間で終了になるので注意が必要です。

内容は親子で話し合って決めますが、実家の管理を任せたいときは、親から子へ登記の変更が必要です。これを信託登記と言います。

家族信託は、**相続の一環と考えて、内容を吟味しましょう。**話し合いのポイントは、以下の三つです。

- **何のために家族信託をするのか**
- **どの財産を家族信託にしたいのか**
- **誰に財産の管理（受託者）を頼みたいのか**

財産は、全財産でもいいし、一部でも構いません。託したい財産を目的に合わせて決めます。例えば、「介護施設の入居金のために、実家を売却したいので、実家の管理と売却を長男に託す」というような内容にします。気をつけたいのは、内容を他の相続人ともよく話し合っておくこと。実家の管理をするためには登記の変更をするので、実質的に管理する人が相続をします。他の相続人から「聞いていなかった」と文句が出ないようにすることが大切です。

また、実家じまいを視野に入れるならば、「親が認知症になったり、亡くなったりしたとき、子どもが実家を売却できる」というような内容を、必ず加えておきます。

家族信託の内容は、信託契約書にまとめます。この契約書は公証役場で公正証書にするといいでしょう。必須ではありませんが、公的な証明があれば、家族間でのトラブルを防ぐことができます。

自分たちで公証役場に行って作成することもできますが、実家の登記の変更が必要なので、司法書士などの専門家に依頼してもいいでしょう。費用はかかりますが、目的に合った信託契約書が作成できます。

家族信託の仕組み

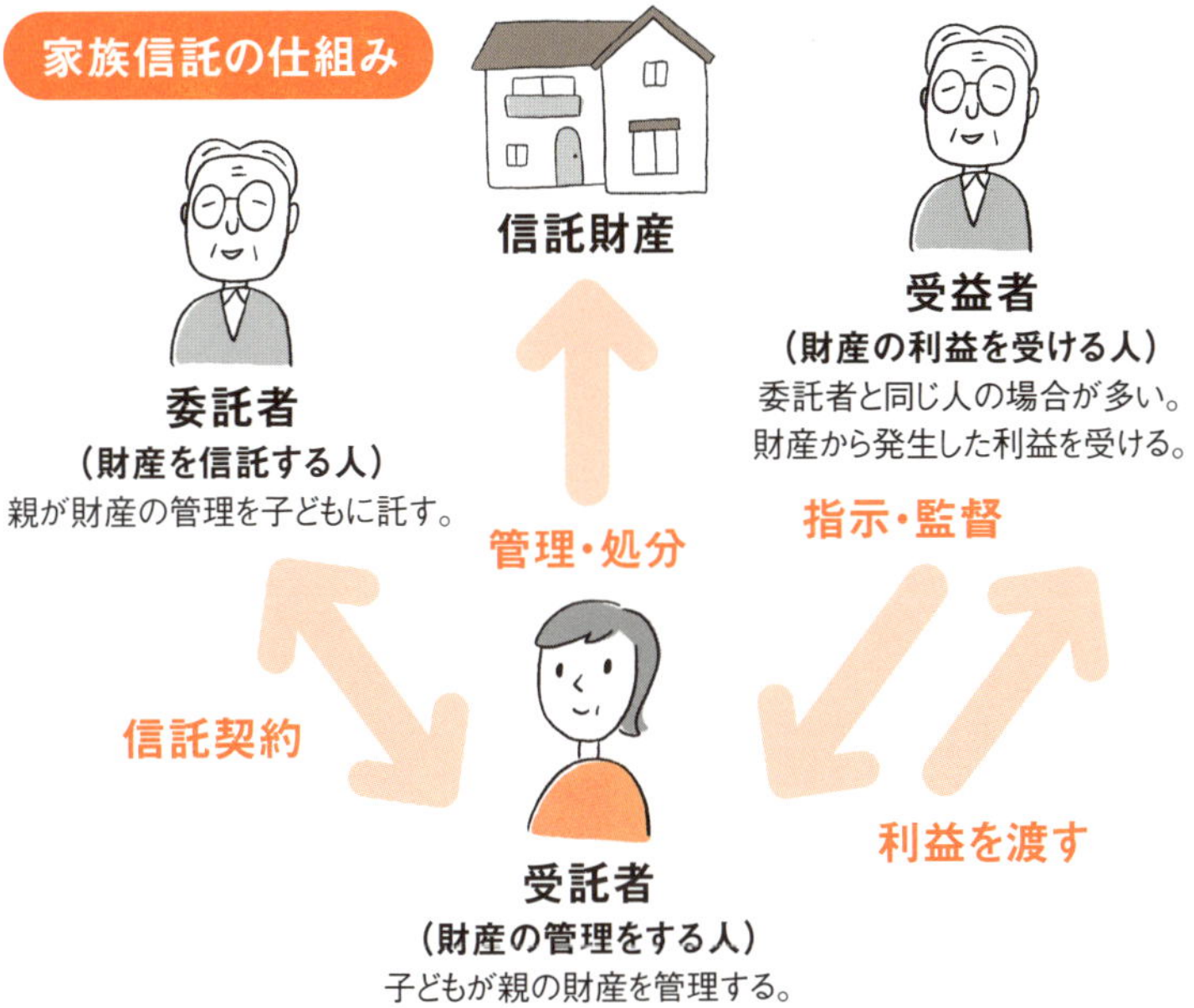

Column

体験談

家族信託をしておき、認知症を発症した母に代わって自宅を売却。

母に認知症を疑うような症状が出た頃、介護施設への入居を考え始めました。そこで、母と家族信託をすることに。母の貯蓄が少なく、実家を売却して介護施設の入居費用に充てようと思ったのです。認知症が進み、母は有料老人ホームに入居することになり、実家を売却。必要なときに私が自宅を売却できるようにしておいたことで、施設入居後の資金面での不安が解消されました。早めに家族信託にしておいて良かったです。

（50代　Tさん）

成年後見制度は裁判所の許可がいる制度

認知症になったとき、財産管理を他者から支援してもらう方法には、「成年後見制度」もあります。「家族信託」の場合、財産を管理する受託者は自分で決められますが、成年後見制度は、家庭裁判所が、本人（親）にどのような保護、支援が必要かを判断して、親族、法律や福祉の専門家などから後見人を選びます。子どもに後見人になってほしいと思っても、選ばれないことがあります。

親が認知症になったとき、後見人は実家の売却や親の預貯金を引き出すことはできますが、裁判所の許可が必要になります。また、「家族信託」にないサポートとしては、身上監護があります。これは、病院での治療や入院の手続きをする、介護施設に入居の契約をするなど、暮らしに関わるサポートです。実際の介護や看護をすることではありません。

後見制度の中には、本人が元気なうちに、後見人や内容を自分で決める「任意後見制度」もあります。制度を使う目的、家族との関係を考慮して、親の状況に合ったものを選びたいですね。

家族信託と成年後見制度の主な違い

	家族信託	成年後見制度
特徴	財産の所有者を「委託者」とし、家族に自分の財産の管理、運用、処分を託す。認知症への備えではあるが、判断能力がなくなると契約できないので、元気なうちに契約しておく	認知症など判断能力が不十分な人の、財産の管理、身上監護（介護施設への入居の契約・病院への入院手続きなど）の支援を行う。認知症の症状が出始めたら、親族などが家庭裁判所に申し立てる
財産を管理する人	管理する人を「受託者」とする。家族などから選ぶ	家庭裁判所が、親族、法律や福祉の専門家から選ぶ
管理する財産	全財産。もしくは、一部の財産でもよい	全財産
期間	期間は家族で決められるので、認知症になる前からでも	認知症を発症したら。本人が亡くなるまでやめられない
費用	実家の管理を信託するときは、登記変更が必要なので、登録免許税などがかかる。登記や公正証書の作成を専門家に依頼する場合は、手数料なども必要になる。公正証書は自分で作成することも可能（信託財産に応じて、手数料はかかる）	申し立て手数料（800円）、登記手数料（2,600円）など。その他、必要書類を申請するときの費用がかかる。また、成年後見人に報酬を払う（一般的な業務であれば、月2万円が目安。ただし、業務によって、追加で報酬を払う。裁判所ホームページより）
申請先	公証役場に、公正証書として申請。必須ではないが、トラブル予防のためにしておいたほうがいい	本人の住所地の家庭裁判所

実家を相続させないという選択肢、リバースモーゲージを検討しても

子どもに負担をかけたくないからと、実家を相続させない方法があります。老後資金が不足した場合に、不動産を活用する「リバースモーゲージ」というシニア向けのローンですが、親自身が行う「実家じまい」の選択肢として、検討してもいいでしょう。

「リバースモーゲージ」は、実家に住み続けながら、実家を担保にお金を借りる仕組みです。例えば、住宅ローンがまだ残っている、自宅を介護に備えてリフォームしたい、介護が必要になったときに施設への入居費用が足りないなどの場合、自宅を手放さずに住宅や老後の資金を得ることができます。

多くの商品は、毎月の返済は利息のみで、親が亡くなったときに実家を売却して元金を返済します。売却代金では足りなかった場合、相続人が残った債務を返済しなくていい「ノンリコース型」もあり、金利は高くなりますが子どもに負担をかけずにすみます。

「リバースモーゲージ」には、住宅金融支援機構と金融機関が提携している「リ・バース60」や金融機関独自の商品があります。

「リ・バース60」の場合、借り入れができるのは満60歳以上の人です（満50～60歳の人も利用できますが、融資限度額が異なる）。年間返済額の合計の割合は、年収400万円未満は30％、年収400万円以上は35％以下です。借りられる金額は担保評価額（住宅および土地）の50％または60％です。借入金の使い道は住宅購入資金、住宅リフォーム資金、サービス付き高齢者向け住宅の入居一時金などと決められていて、生活資金には使えません。相談や申し込みは各金融機関で、金利、手数料、保証人の有無なども金融機関によって異なります。

また、マンションは利用できないことが多いのですが、中には可能な商品もあります。各金融機関独自の商品は、対象年齢や借りられる金額、使い道などに違いがあるので、それぞれの内容をよく確認しましょう。

金融機関に相談する前に、まずは、親から子どもに「実家は相続できない」と、しっかり伝えてもらいましょう。「実家じまいで負担をかけたくない」という親の気持ちを共有し、本当に適した方法なのかどうかを検討します。

生前整理は「生前形見分け」と考え、思い出と一緒に引き継ぐ

親が元気なうちに、家を片づけることを「生前整理」と言います。ただ、親世代は物を処分できない人も多く、「生前整理は難しい」と考える子ども世代は少なくありません。物に対する価値観は人それぞれです。親世代がこだわるのは、そこに楽しかった思い出が詰まっているからです。また、物が少ない時代に育ち、「物が多いことが幸せ」だとも思っています。

ですから、生前整理をしようとすると、親子げんかになることもあります。実家に帰るたびに険悪になるのは、どちらも望んでいることではありません。そんなときは、無理せずに、**「生前形見分け」を提案してみるのはどうでしょうか。形見分けとは、亡くなった人が大切にしていた物を親族や友人と分けることを言いますが、これを親が元気なうちにしてしまうのです。**

今はもう使っていないけれど、ずっと大切にしていた物を、使ってくれそうな人に引き継いでいきます。そのとき、なぜそれを大切に使っていたのかという物語を一緒に引き継ぐと、物の価値が高まります。例えば、「この着物は、お母さんがお茶を習っていたときに買ったの。色と柄が気に入って、30年以上大切に着たのよ」というような思い出を聞くと、譲られた人は「大切に引き継ごう」という気持ちになるものです。

これなら親も、生前整理をしようという気持ちになるかもしれません。亡くなった後の遺品整理では、親の話はもう聞けません。親が元気なうちに、「引き継いでほしい物はない？」と聞いてみましょう。

思い出を聞きながら、一緒に物を整理をすると、親子の楽しい時間にもなります。

ただし、車、宝石、貴金属、美術品など高価な物を引き継ぐときは、１１０万円を超えてしまうと贈与税がかかります。暦年贈与（44ページ参照）や「相続時精算課税制度（66ページ参照）を利用する、亡くなってから相続する（相続税のほうが税率が低い）など、相続税を抑える対策が必要です。

親に何とかして生前整理を考えてもらいたい場合は、「生前形見分け」で親の話を聞いたように、まずは、親の気持ちを聞いてあげましょう。親の家だということを忘れずに、子どもの意見を押しつけないように。「生前整理できないなら、遺品整理をすればいい」と気楽に向き合いましょう。

手をつけやすいのは、転倒の原因になるような通路をふさいでいる物や、床に置きっぱなしになっている物です。「けがをしそうで危ないから」と説得し、片づけます。始めてみると弾みがついて、徐々に片づけられるかもしれません。左ページに、スムーズに進めるポイントをまとめたので、参考にしてください。

Column

体験談

器好きの母から生前形見分け。思いも譲ってもらった

母は料理好きなので、器をたくさん持っていました。でも、父が亡くなって一人暮らしになり、少しずつ生前整理を始めました。あるとき、ダイニングテーブルに器を並べて、私と義妹に「好きなものを持っていって」と。どこで買ったのか、どんなものを盛りつけるのか話しながら、引き継ぎました。一番のお気に入りは、手元に残して使い、亡くなった後に譲りたいそう。母の器の思い出も聞けて、楽しい時間になりました。

（60代　Mさん）

生前整理がスムーズにいく ポイント5

価値観の違う親に生前整理をしてもらうのは大変ですが、できるだけスムーズに進めるためのポイントを紹介します。

1 親の気持ちを尊重する

親がどんなふうに暮らしたいかは、親が決めること。実家の片づけで親子げんかになるなら、あえてしなくても。そのくらいの気楽な気持ちで臨む。

2 けがの原因になる物は早めに片づける

通路をふさいでいる物や床に置きっぱなしになっている物は、転倒してけがの原因に。「危ないから」と説得し、早めに片づける。

3 人に見られたくない物は整理してもらう

親のプライバシーを守るために、日記、アルバムなど親が「人に見られたくない」と思っている物は整理をしてもらう。

4 整理しやすい食品で片づけに弾みをつける

賞味期限切れの食品をストックしているシニア世代は多いもの。「健康に悪いから処分しよう」と説得すれば、整理しやすくなる。

5 「捨てる」ではなく、できるだけ活かす

親世代は「捨てよう」と言うと、もったいないと躊躇するもの。家族や知人に譲る、リサイクルショップに売るなど、できるだけ活かすようにする。

家族それぞれ

買いました!!
じゃん
エンディングノート
役だつ!
母用のエンディングノート
実際にやってみると
好きな食べ物は?
うーんと・・・
あんまりぴんとこない様子
なんでも食べるわよねぇ～
まあ急に出てこないかー
親族表
あっじゃあきょうだいは?
事実だけだし
A兄ちゃん、B姉ちゃん、お母さん、D助、E子、F男、さいごにG子ね
A兄ちゃんのおよめさんはK子さんでH子ちゃんでいう・・・
ずらずら
ずらずら
B姉ちゃんとお母さんの間に本当はふたり男の子がいたんだけど小さい頃・・・
うん
うん・・・
欄が足りないし話も終わらない

3章

空き家の放置になる前に、「実家を売却」する

実家の売却では何をするの?

売り出し中
まずは、私たちで実家がいくらで売れるか調べましょう
やることいっぱい！
できるかしら…
数日後、アキ宅
あなたの伯父さんの家は、誰に買ってもらったんだっけ？
お隣りが、子ども夫婦を住まわせたいからって買ってくれたんだ
売れたお金で何するか考えたら、やる気が出るかしら
それだ！皆でおいしいもの食べようよ
身近なところにニーズがあったのね
友人の実家は、なかなか売れなくて「空き家バンク」に登録したみたいだよ
いいなあ…
利益が出たら、確定申告も忘れずに
ビシィ
税金がかかるのね
はいっ！
現実…
そんなものもあるのね。そうだ！おばあちゃんに教えてもらおう。
おばあちゃーん！
ん？

空き家の活用法は**自分たちが住む**、**賃貸**、**売却**の三つの方法がある

空き家になった実家をどうするのかは、悩ましい問題です。主な活用法は、自分たちで住む、賃貸、売却の三つです。

思い出のある実家を残したいなら、自分たちが住むか、賃貸にするかのどちらかです。「いつかは地元に帰りたい」と望んでいたのなら、実家に住むのもいいでしょう。ただし、住む場所を変えるのは大きな決断になるので、家族ともよく相談することが大切です。また、賃貸は、定期的な家賃収入が入ってくるメリットはありますが、経費や手間がかかります。本気で取り組む気持ちがないのであれば、あまりおすすめしません。**実家がなくなって寂しい気持ちにはなりますが、ライフスタイルの変更がなく、最小限の手間や経費ですむのは、売却することです。**

左ページのメリットとデメリットを参考にし、じっくり考えて決めましょう。

自分たちが住む・賃貸・売却のメリットとデメリット

	メリット	デメリット
自分たちが住む	・親が望んでいた場合、叶えてあげられる ・「地元に帰りたい」と思っていたならいいきっかけになる ・思い出のある実家を残せる	・ライフスタイルが変わるので大きな決断になる ・家族と意見が合わないこともある
賃貸にする	・定期的に家賃収入が入ってくる ・自分が住まなくても実家を残せる	・好立地・築浅などの良い条件でなければ、空室になることがある ・管理会社への委託費、床や壁の経年劣化のための修繕費、エアコン、給湯器の交換費用など、経費がかかる ・マンションの場合、修繕積立金、管理費がかかる ・家賃収入に対して、毎年確定申告が必要になる
売却する	・税金や実家維持のための費用は払わなくても済む ・まとまったお金が入ってくる	・実家がなくなって、寂しい気持ちになる ・なかなか売れずに苦労することも

空き家になってから売却までの期間は、3年を目処にする

実家を相続した多くの方は、色々考えた末に、「売却する」を選ぶようです。実家を管理する手間や費用から解放され、まとまったお金が入ってくるので、どんな方にとってもメリットがあります。

相続してから売却までの目安は、3年程度と考えましょう。**売却にはそれなりに手間がかかるので、3年くらいがちょうどいい期間です。**あまり時間をかけすぎるとモチベーションが下がり、実家を売却することを諦めたくなるかもしれません。

実現するためには、「3年後の年末までに」などと、具体的に日付を決めてしまうのも手。ゴールが見えると、頑張ろうと思うものです。

さらに、90ページから詳しく紹介しますが、**3年を目処に売却することによって、税金が得になる二つの制度が使用できます。**これも、「3年」をおすすめしている理由です。

まずは、3年以内に売却するために、何を重視するかを決めましょう。迷ったときに、拠り所になり、後悔が少なくなります。例えば次のように、書き出してみてください。

●**できるだけ早く売りたい。**

年末までに、半年以内に、〇月までになど、具体的に期限を決めておきます。

●**できるだけ高く売りたい。**

近隣の相場をチェックして、金額の下限を具体的に決めておきます。

●**家を大切にしてくれる人に売りたい。**

内覧会は必ず開くなどし、購入希望者と直接会うようにします。

他にも、重視したいことがあったら、ピックアップを。いくつかある場合は、優先順位を決めておきましょう。

実家を売却するときの税金を安くする

3年を目処に実家を売却したときに使える、二つの制度を紹介します。**一つ目は、「空き家の譲渡所得3,000万円特別控除」です。**これは、実家を相続した人が相続開始から3年を経過する年の12月31日までに、条件を満たした家屋や土地を売却した場合、譲渡所得から3,000万円の控除が受けられる制度です。主な条件を挙げてみます。

- **昭和56年5月31日以前に建築された住宅。**
- **耐震基準を満たすリフォームが行われているか、行う予定である（譲渡の翌年の2月15日まで）。**
- **建物は壊して更地にする。譲渡後の取り壊しでも可能（譲渡の翌年の2月15日まで）。**
- **相続開始直前まで被相続人が1人で住んでいた住宅、もしくは被相続人が介護施設に入居した場合、被相続人が一時滞在、家財道具の保管場所など一定期間使用していた住宅。**
- **区分所有建物登記がされている建物でないこと（つまりマンションは対象外）。**

「空き家の譲渡所得3,000万円特別控除」は、空き家の放置を防ぐ目的で制定され、期限が2027年12月31日までに延長されました。詳細は、国税庁のホームページなどで確認しましょう（計算の仕方は132ページ参照）。

また、**もう一つは「取得費加算の特例」です。**これは、実家を相続した人が相続税を払った場合、その後実家を売却したときの譲渡所得に、再び課税されるという、二重課税を防ぐための制度です（計算の仕方は133ページ参照）。この制度を使える条件は、相続開始から、3年10カ月以内に実家を売却していること。相続税は相続開始から10カ月以内に納付することになっているので、売却はそこから3年以内です。

相続開始から「空き家の譲渡所得3,000万円特別控除」は3年以内、「取得費加算の特例」は3年10カ月以内に売却なので、覚えておきましょう。

この二つの制度は、併用できません。また、確定申告をしないと適用されないので、実家を売却したら必ず確定申告をしましょう。

売却の流れを把握して、スムーズに進める

多くの人にとって、実家の売却は初めての体験なので、「一体何から始めるの？」と戸惑うはずです。そこで、まずは、実家を売却するまでの流れを紹介します。流れを把握し、一つ一つ乗り越えていきましょう。

1　実家がいくらで売却できるか調べる

実家がいくらで売れるのか、近所の家の価格を参考にします。at home（アットホーム）、SUUMO（スーモ）、LIFULL HOME'S（ライフルホームズ）、YAHOO!（ヤフー）不動産などの**不動産ポータルサイトでは、実家の近くの物件情報を見られます。また、国土交通省のサイト「不動産情報ライブラリ」では、実家近くの物件の成約価格（契約時の最終的な価格）**などを確認できます。

2　実家の査定を不動産会社に依頼する

実際に3～4社の不動産会社に、実家の査定を依頼します（96ページ参照）。**不動産ポータルサイトを見て、近くの物件を扱っている不動産会社に直接連絡したり、インターネットの一括査定サイトを利用してもいいでしょう。**

3　仲介してもらう不動産会社を決める

査定をしてもらった不動産会社の中から、媒介契約を結ぶ会社を決めます。**査定価格だけでなく、担当者の人柄や、知識が豊富か、レスポンスが早いかなどの仕事ぶりも、決定するのに重要な要素。**媒介契約には、一般媒介契約、専任媒介契約、専属専任媒介契約の三つがあり、それぞれの特徴を踏まえて選びます（100ページ参照）。

4　実家の売り出し価格を決める

2の実家の査定価格を元に、1で収集した情報などを踏まえ、不動産会社と相談して販売価格（売り出し価格）を決めます。実際に買ってもらう成約価格はこれを下回ることも多いのですが、まずは希望の価格を出します。

5　販売活動をする

不動産会社が、販売活動を開始します。**REINS（レインズ・国土交通大臣指定の不動産流通機構のネットワークシステム）に物件登録、自社のホームページに情報をアップ、不動産ポータルサイトに登録、新聞折込チラシや広告、投げ込みチラシ、フリーペーパーなどへの掲載、内覧会やオープンハウスの開催**など、不動産会社に相談してできることは何でもやってもらいます。

6　購入申し込み後、売買契約を結ぶ

不動産会社に、購入希望者から購入の申し込みがあれば、価格、引き渡し日などを調整します。住宅ローンの利用がある場合は、銀行などの事前審査を申し込みます。**すべての条件が整ったら、売買契約を結びます。**

7　決済・引き渡しをする

売買代金の決済、物件の引き渡し、所有権移転登記申請は、決済日に同時に行います。登記申請は司法書士に依頼するのが一般的で、司法書士は決済・引き渡しに同席します。場所は、買い主が融資を受ける金融機関が便利で、売り主の口座が同じ金融機関にあれば、その場で入金されます。同じ金融機関に口座がないときは、指定の口座に振り込まれます。売り主から買い主への所有権移転登記をし、引き渡しが完了します。

8　譲渡所得の確定申告をする

実家を売却して出た利益（譲渡所得）には、譲渡所得税がかかります。**確定申告するのは、譲渡収入から取得費（実家を購入したときの価格）、譲渡費用（実家を売却したときに使った経費）を引き、損益がプラスになった場合です。**控除や特例など、税金を安くする制度があるので、しっかりチェックしましょう（128ページ参照）。

査定を依頼して、信頼できる不動産会社を見つける

実家の売却は、信頼できる不動産会社を見つけることが重要です。まずは、査定を依頼することで不動産業者とやり取りを始めましょう。不動産会社には、宅地建物取引業の免許を持った会社と免許を持っていない会社の２種類があります。建物の管理や賃貸は免許がなくてもできますが、売買は免許が必要です。実家の売却は、宅地建物取引業の免許を持った会社に依頼します。「宅建業者」とも呼ばれ、国土交通大臣か都道府県知事の免許を受けて、免許番号が交付されています（99ページ参照）。

査定を依頼する宅建業者は、１社だけではなく3～４社にして金額を比較。以下のようなタイプの違う会社に依頼してみるのがおすすめです。

- 大手の不動産会社
- 地元に密着した不動産会社

●フランチャイズの不動産会社（例えば、センチュリー21、アパマンショップなど）

大手の不動産会社やフランチャイズの不動産会社は、ホームページから近くの営業所を探して依頼します。地元の不動産会社は、不動産ポータルサイトで実家の近所の物件を取り扱っている会社に依頼してもいいでしょう。

もう一つ、**査定を依頼する方法として、「不動産一括査定サイト」の活用があります。**インターネットで検索するとヒットするので、その中から試すのも手です。同時に何社も申し込めるので、1社1社申し込む手間が省けます。ただし、電話番号を書き込むので、営業電話がかかってくることがあります。3〜4社に絞って依頼するのがいいでしょう。

不動産の査定には、「机上査定」と「詳細査定」の2種類があります。「机上査定」は現地に行かずに、インターネットなどで調べて行います。一方、「詳細査定」は現地に出向き、家の状態、周辺の状況などを加味して査定します。売却を決めたのなら、「詳細査定」をしてもらうのがおすすめです。

不動産会社は売却を依頼してくれることを期待して、査定は無料でしてくれますが、高めの金額を提示してくるかもしれません。査定金額は、あくまでも目安と考えましょう。

査定金額の根拠が不動産会社を選ぶポイントに

査定の依頼をすると不動産会社とやり取りをすることになります。その際、査定金額の根拠は、その会社が信頼できるかどうか見極める要素になります。分厚い査定書を出してくる会社もありますが、重要なのは中身。**査定書に記載される周辺の土地や建物の売買データをチェックします。このデータは「取引事例」と言い、不動産査定の根拠になる重要なものです。**

不動産会社によって、査定金額に大きな差がある場合があります。金額の根拠になる売買データ、自分で調べた相場なども考慮し、現実的な金額を出してくれた不動産会社に、実家の売買を依頼するのがいいでしょう。

さらに、金額だけなく、不動産会社の担当者の人柄や熱意も判断材料に。知識が豊富か、レスポンスが早いかなど、仕事ぶりなども含めて、判断したいものです。

不動産会社がチェックできる「免許番号」

宅地建物取引業として免許を申請したときに交付される免許番号は、宅地建物業者票に記載され、お店に提示したりホームページに掲載されたりしているので確認を。以下のような意味があります。

〇〇知事免許　(3)　第0000号

- 〇〇知事免許：都道府県知事か、国土交通大臣の名称が入る。一つの都道府県で営業をしているときは知事、二つ以上の都道府県なら大臣になる。
- (3)：数字は免許を更新した回数。免許の有効期限が5年なので、5年ごとに更新される。
- 第0000号：免許番号は更新しても引き継がれる。ただし、事務所の移転、増設などで免許を申請し直すと、番号も変更する。

Column

体験談

不動産会社選びは担当者との相性も考えて決めました

実家の査定は「一括査定サイト」に登録し、実家に近い3社の不動産会社に依頼しました。その中から1社と契約。メールや電話のレスポンス、資料送付が遅かったり、電話を頻繁にかけてきたり、上から目線で話してくるような強引なタイプの担当者は避けました。こちらの都合を考えて、連絡は電話とメールを使い分けてくれたり、質問に丁寧に答えてくれる、私と相性が良さそうな担当さんのいる会社に依頼しました。

（50代　Tさん）

不動産会社との**契約は3種類**。目的に合わせて選ぶ

不動産会社と結ぶ**媒介契約には、一般媒介契約、専任媒介契約、専属専任媒介契約の３種類があります。**大きく違うのは、専任媒介契約、専属専任媒介契約は、１社の不動産会社としか契約できず、一般媒介契約は複数社と契約できることです。

不動産会社の仲介手数料は、どの契約でも同じです。販売価格によって上限額が決まっていて、４００万円以上の物件は、販売価格の３％＋６万円。正確に言うと２００万円までの部分は５％、２００〜４００万円は４％で、それぞれ別に計算しますが、これらを考慮して、一般的には販売価格の３％＋６万円が手数料だと言われています。

不動産会社としては、１社に絞ってもらったほうが手数料を得られやすいので、「専任媒介契約」「専属専任媒介契約」をすすめてくるかもしれません。左のページに、三つの契約の違いをまとめましたので、契約を結ぶ前に参考にしてください。

三つの契約の違い

	一般媒介契約	専任媒介契約	専属専任媒介契約
自己発見取引（買い主を自分で見つける）	できる	できる	できない
契約できる不動産会社数	複数社	1社	1社
販売活動報告	義務はない	2週間に1回以上	1週間に1回以上
レインズへの登録	義務はない（登録はできる）	契約後7日以内に登録	契約後5日以内に登録
期　限	特にないが、3カ月を目安に	3カ月。延長もできる	3カ月。延長もできる
特　徴	・自由度が高いが、複数の不動産会社とのやり取りに手間がかかる ・色々な会社の販売ツールを使える ・販売活動に積極的でない不動産会社も出てくる可能性も	・契約を1社に限定するので、不動産会社が積極的に販売活動をしてくれる可能性がある ・自己発見取引もできるので、自分でも営業活動ができる	・契約を1社に限定、自己発見取引もできないので、不動産会社とのやり取りが密になり、より積極的に販売活動をしてくれる可能性がある ・不動産会社の実力が重要になる

「この不動産会社に任せてみよう」と思う会社があれば、「専任媒介契約」「専属専任媒介契約」の二つから選ぶのがいいのですが、大きな違いは自己発見取引ができるかどうかです。

中には、近所の方から「買いたい」と直接連絡があることもあるので、「専任媒介契約」を選び、自己発見取引ができる機会を残しておくのも一つの考え方です。

ただし、自己発見取引をしたとしても、売買契約を結ぶ、決済や引き渡しのときは不動産会社に仲介をお願いしたほうがいいでしょう。トラブルを防ぐことができるからです。そのときは、「専任媒介契約」を依頼した不動産会社にお願いします。

また、「専任媒介契約」「専属専任媒介契約」の契約期限は3カ月です。不動産会社を途中で変更しようとすると、違約金を求められる可能性もあるので、契約期限終了まで待つのが一般的です。

不動産会社が絞れないときは、最初は「一般媒介契約」にしてみます。3カ月を目安にし、その間に各社とやり取りをし、「この不動産会社に任せてみよう」と思える会社と「専任媒介契約」を結んでも。運がよければ、最初の3カ月で売却できますし、そうでなくても信頼できる不動産会社を見極める期間になります。

「一般媒介契約」の場合は、不動産会社に競争原理が働き、「他者より早く売って、仲介手数料を取ろう」と思うものです。「なるべく早く売りたい」と考えているなら、一般媒介契約にしてみるのもいいでしょう。

Column

体験談

複数の不動産会社のツールを使えるのがいいなと選択した

なるべく早く売りたいと考えていたので、複数の不動産会社とやり取りできる一般媒介契約に。それぞれが契約している不動産ポータルサイト、チラシなどに載り、多くの人の目に触れると考えました。最終的には、不動産会社が出したポータルサイトの情報を見た近所の方から、「将来子どもを住まわせたい」と購入希望の連絡が直接来て、自己発見取引に。思ったより早く売却できました。

（60代　Hさん）

売却するときは**更地**ではなく、家を残したほうがいい

実家があまりに古いと、「建物がないほうが売れるかも……」と思うものです。実は、売却するときは、更地にしないで家を残したほうがいいのです。

その理由は、三つあります。

●**更地にすると、税金が高くなる**

28ページで紹介しましたが、家が建っている土地は住宅用地の特例が適用され、税金が安くなっています。**更地にしてしまうと、この軽減措置が適用されなくなり、固定資産税は6倍、都市計画税は3倍になります（土地が200㎡の場合）**。

●**古い物件でもいいというニーズを逃す**

家があれば、「家つきが欲しい」「土地が欲しい」という二つのニーズに対応できます。

更地にしてしまうと、「古くても家があったほうがいい」と考える人を逃してしまうこと

になります。

●解体費用がかかる

更地にするには、解体費用がかかります。一軒家の場合、解体費用は通常は100万円を超えると言われています。**広さ、家屋の素材（鉄骨造のほうが、木造よりも高くなる）、立地（重機が入れる場所なのか）などの条件によって、さらに費用が加算されます。**

古家を解体して土地として売る場合に、「更地渡し」を条件にする方法もあります。古家があるままで売買契約し、引き渡しまでに売り主が解体・更地にして売る方法です。売り主が解体費用を負担することになりますが、売買代金で解体費用を支払うようにすると、自腹を切らずにすみます。

また、放置すると危険があり、どうしても解体が必要な場合は、市区町村で解体費用を助成してくれる制度があることも。実家のある市区町村のホームページで確認しましょう。

実家をなるべく早く高く売るために、できることをすべてする

不動産会社と媒介契約を締結したら、早速、実家の売却のための活動を開始します。何をするかは、基本的には不動産会社が主導ですが、なかなか売れないときは、積極的に販売活動をしてもらえるように、お願いしてみてもいいでしょう。

不動産会社がすることは、媒介契約によって異なりますが、概ね次のようなことです。

●物件に関する詳細な調査と資料づくり

立地や広さのほか、実家の魅力を伝えるために、不動産会社が物件に関する調査をします。境界が曖昧な場合は、測量をする場合もあります。実家は築年数が古いことが多いのですが、**デメリットも魅力になるような伝え方を工夫しましょう。**「古い家が懐かしくて落ち着く」などのニーズが意外にあるものです。

●REINS（レインズ）に物件登録する

REINSとは、国土交通大臣から指定を受けた不動産流通機構が運営しているサイトです。「Real Estate Information Network System（不動産流通標準情報システム）」の英語の頭文字を並べて名付けられ、組織の通称になっています。会員になっている不動産会社が、売却したい人の不動産情報を登録します。REINSの情報を見た他の不動産会社が、物件を買いたいと思っている人に紹介します。

「専任媒介契約」「専属専任媒介契約」を結んだ場合は、REINSへの登録は必須です。「一般媒介契約」では必須ではありませんが、登録することは可能。不動産会社に相談してみてもいいでしょう。

●不動産ポータルサイトに登録する

SUUMO、at home、LIFEL HOME'Sなどの、不動産ポータルサイトに登録します。不動産会社がお金を払ってポータルサイトと契約しているので、どこに掲載されるかは不動産会社次第。**たくさんのポータルサイトに掲載されるほど、買い主に**

見つけてもらいやすくなります。家の中の写真を掲載すると、多くの人に閲覧されやすいので、必ず写真は用意しましょう。

●新聞折込チラシやフリーペーパーなどへの掲載

インターネットで情報を探すことが多くなりましたが、**近所の物件を探している人は、新聞の折込チラシ、投げ込みチラシ、駅や商業施設に置いてあるフリーペーパーなどをチェックしている場合も。**不動産会社がお金を払って掲載を依頼するので、相談してみましょう。その経費が仲介手数料に含まれていることもあります。

●内覧やオープンハウスの開催

家を探している人に、実家を実際に見てもらいます。売り主は住んでいないことが多いので、日程の調整が必要です。不動産会社によっては鍵を預け、開催してもらうこともできます。

きれいなほうが高く売れるけど、リフォームは買い主に任せる

家の印象は成約価格に影響してくるので、親が亡くなった後は、少しずつ遺品整理（186ページ参照）をしておくことが理想です。ポータルサイトに載せる写真を撮影するとき、購入希望者が内覧に来るときは、掃除をしたり家具を整えたりしましょう。

遅くとも、実家の売却が決まり、買い主に引き渡すときまでに家財は処分をします。

古い実家の場合、どこまできれいにするかは難しい問題です。**リフォームしてきれいにしても、リフォーム代を回収できるほど高値で売れるとは限りません。**リフォームはせずに、不具合や壊れている部分は正直に伝え、リフォームが必要かの判断は買い主に任せるのがいいでしょう。

ただし、雨漏りとシロアリは、家の寿命を縮めるので、心配な場合は専門業者にみてもらいます。不動産会社とも相談し、必要ならお金を払ってでも対応したほうがいいでしょう。

実家はいくら？ 売り出し価格、購入希望価格、成約価格がある

実家を売却するとき、一番気になるのが価格です。仲介してもらう不動産会社を決めたら販売活動を開始しますが、三つの価格と向き合うことになります。

一つ目は、不動産ポータルサイトやチラシなどで発信するときに、**物件情報に明記する「売り出し価格」です。「販売価格」とも言われ、購入希望者が注目する部分です。**査定価格にもとづき、不動産会社と相談して決めますが、不動産会社の提案だけでなく、自分でも周辺の相場を調べたりして検討しましょう。

相場を調べるときは、不動産ポータルサイトで広さや立地、間取りなどが近いものを参考にします。また、国土交通省のサイト「不動産情報ライブラリ」では、実家の近くで実際に取引された金額を確認することができます。

「売り出し価格」は、買い主がいくらで売りたいかを考えた金額です。しかし、この価格で

売れるとは限りません。「売り出し価格」を見た購入希望者が実家の内覧をして、購入を希望する場合は、買付証明書（購入申込書）に「購入希望価格」を記入します。**購入希望者が、実家をいくらで買いたいかを考えたものが「購入希望価格」です。**通常は、「売り出し価格」よりも低くなる場合が多いです。

その後、仲介している不動産会社が売り主と買い主と交渉をし、二つの価格を調整していきます。売り主と買い主がそれぞれ別の不動産会社に依頼している場合を「片手取り引き」、同じ不動産会社の場合を「両手取り引き」と言います。片手取り引きは不動産会社間の交渉ですが、両手取り引きは一社で売り主、買い主の間に入って価格の調整をします。後者のほうが気を使う交渉なので、決定までに時間がかかります。

不動産会社の交渉によって、売り主と買い主が納得したものが「成約価格」になります。これが、売買契約書に記載される価格です。古い家の場合、傷んでいる部分があると値引きを求められたり、「古家は解体するから費用は負担してほしい」と言われることもあり、売り主は「成約価格」をいくらにするのか、迷うことになります。

あらかじめ「あまり安くしたくないから値引きは、〇円までにする」とか「今年中に売りたいから、多少値引きしてもいい」など、何を優先にするかを決めておくといいでしょう。

ただし、周辺の相場を考慮することも大切なので、「不動産ポータルサイト」や「不動産情報ライブラリ」などで再度確認をし、納得のいく金額を見つけてください。

実家のような中古物件は、複数の人から購入申し込みがあった場合は、買付証明書の提出順に交渉を行うのが一般的です。ただし、必ずしも先着順ではなく、売り主の希望（例えば、一括払いの人が希望、住宅ローンの事前審査が通っている人を優先にするなど）によって異なることもあります。

Column

体験談

いくらで売りたいのか、自分なりに基準金額を決めて目安に

実家の売却の査定は2社の不動産会社に頼み、自分でも、国税庁のホームページで路線価を調べて金額を考えました。売りたい金額の基準を決め、交渉開始。1社は担当者が熱心な上に、査定額が基準金額くらいだったので仲介を依頼。もう1社は、800万円も低かった。古い家を解体して新しい家を建てたいと、不動産会社が買ってくれました。解体代は値引きされましたが、希望に近い金額で売れました。

（50代　Oさん）

実家が違法建築や建て替え不可だったときは売却できる？

古い実家が、違法建築だったということがあります。**建てたときは問題なかったけれど、法律が変わって違法建築になってしまったというケースも多いものです。このような物件は、「既存不適格建築物」と呼ばれています。**

建築基準法の改正によることが多く、大きな改正の一つは新耐震基準です。１９８１年に改正があり、その後、阪神淡路大震災を経て、２０００年にさらに改正がありました。実家が１９８１年前に建てられていて、耐震補強工事をしていないのなら、既存不適格建築物の可能性が高いといえます。

また、増築した際に、建ぺい率や容積率のルールを守っていなかった物件もあります。しかし、こうした物件でも売却はできます。そのまま住むのはいいのですが、建て替えるときは、建築基準法を守る必要があります。

「建て替え不可」という物件もあります。例えば、建築基準法には「建築物の敷地は２メートル以上道路に接していなければならない」という規定があります。これを「接道義務」と呼ばれ、クリアしていないと、建て替えはできません。

一般的には、問題はないことが多いのですが、旗竿地（竿に旗をつけたような形の土地。道路に面している部分が小さく、奥に敷地がある）は要注意です。道路と敷地の接地面が２メートル未満の可能性があります。

建て替え不可の物件でもそのまま住むことはできるし、リフォームをすることもできるので、売却は可能です。

リフォームに関して、押さえておきたいニュースがあります。これまでは木造二階建てのような小規模の建築物をリフォームするとき、ほとんどの場合は建築確認の必要なく、比較的自由にできました。これを「４号特例」と呼びます。ただし、２０２５年から建築基準法が変わり、「４号特例」が縮小になります。小規模の建築物でも建築確認が必要になるので、今後は大規模なリフォームがしにくくなる可能性があります。建て替え不可の物件の売却に、何らかの影響が出るかもしれません。

違法建築、建て替え不可は、自分では気がつかないことも多いのですが、不動産会社が調査をするので必ず明らかになります。その場合は、売り出し価格を通常より低く設定することになりますが、理由がわかれば、「安くても仕方がない」と納得できるでしょう。また、そのような物件でも「安く買って、DIYしながら住みたい」など、買いたい人は出てきますので、諦めずに販売活動をしましょう。

売却した後、不具合が出たときに備えておこう

古い実家は、売却後に瑕疵（不具合・欠陥）が見つかる場合もあります。**わかっている瑕疵は、売買契約書に記載し、買い主に説明して、納得の上で購入してもらいます。ところが、売り主が知らなかった隠れた瑕疵が、売却後にわかることもあります。**

このような瑕疵が見つかったとき、買い主は売り主に、損害賠償の請求や契約解除、修繕費の請求、代金の減額請求ができます。買い主のこの権利は、売り主に対する「民法上の契約不適合責任」にもとづくものです。２０２０年の民法改正により「瑕疵担保責任」という考え方から変わり、買い主の権利をより保護するような内容になりました。

ただし、売り主が個人の場合、買い主との話し合いによって、「契約不適合責任を負わない」という、特約をつけることもできます。「契約不適合責任」は任意規定なので、双方が納

得すれば民法とは異なるルールを作ってもいいのです。

専門家による物件の調査「ホームインスペクション」

「契約不適合責任」に備え、「ホームインスペクション」（既存住宅の調査）を行うこともおすすめします。**「ホームインスペクション」とは、建築のプロである建築士が、物件の状態を調査し、点検することをいいます。**

２０１８年の宅建業法の改正により、中古住宅の取り引きの場合、不動産会社が売り主と買い主にホームインスペクションの説明をすることが義務になりました。調査自体は任意なので、必ずしなければいけないものではありませんが、**専門家に客観的な目で、実家がどのような状態なのかを見てもらうことは有効です。**

「実家のあら探しをされる」と思うかもしれませんが、現状を知っておくと、後々のトラブルを防ぐことになります。例えば、「このひびは大丈夫かな？」と思っているような部分を、「ホームインスペクション」で確認し、「これは心配のないひびです」と言ってもらえることもあります。安全を担保できるので値引きをする必要がなくなり、売り主が得をするケー

ホームインスペクションで点検する主な部分

目視が中心で、簡易な器械や道具を使うことがあります。足場を組んで外壁などを調査することはありません。

- 基礎のひび割れ
- シロアリの被害
- 傷みやカビ
- 雨漏り・水漏れ
- 配管の詰まりやサビ
- 床の傾斜

スもあるのです。

「ホームインスペクション」の依頼の方法は2通りあります。

・媒介契約を結んだ不動産会社から建築士を斡旋してもらう

・自分で建築士を探す

どちらの場合も、依頼するのは「既存住宅状況調査技術者」になります。これは、国土交通省に登録された既存住宅状況調査技術者講習団体の講習を受講し、合格した建築士です。

自分で探す場合は、国土交通省の「既存住宅状況調査技術者検索サイト」(https://kizon-inspection.jp/)を活用します。実家のあるエリアに対応してくれる建築士を見つけることができます。

家の瑕疵で気にしてほしいのが、雨漏りとシロアリです。その家の耐久性に関わる重要な部分で、「ホームインスペクション」で確認してもらえます。兆候が見つかったら、雨漏りが修理できる工務店やシロアリ駆除業者など、それぞれの専門家に詳しい診断を依頼します。専門家が、修理や駆除をしたほうがいいと判断するなら、お金はかかりますが、対応することをおすすめします。

その他の瑕疵が見つかった場合は、あえて修理をしなくても。買い主に報告をし、そのまま使うか、修理をするのか対応を任せてもいいでしょう。

「既存住宅売買瑕疵保険」も要チェック

さらに、もう一つ、中古住宅の瑕疵に備えるものとして「既存住宅売買瑕疵保険」があります。**これは、検査と保険がセットになった保険制度。国土交通省が認定する検査事業者が検査をし、国土交通省が指定する住宅瑕疵担保責任保険法人と契約をします。**

興味がある場合には、まずは不動産会社に相談してみましょう。ただ、不動産会社がこの保険に関して知識がない場合があります。そんなときは、国土交通大臣指定の住宅瑕疵担保責任保険法人に直接問い合わせてみることも可能です。住宅瑕疵担保責任保険協会のホームページに掲載されている保険法人5社なら、どこを選んでも大丈夫です。

検査費用や保険料はかかりますが、物件の引き渡し後に瑕疵が発見されても、保険で修理ができます。保険を契約するのは検査事業社(仲介する不動産会社が契約することも)なので、客観的な目で保険に加入できるかどうか判断してくれます。ただし、新耐震基準を満たしていない物件は加入できないなどの条件があります。加入して、実際に瑕疵が発生したときは、検査事業者主体で買い主とやり取りをするので、売り主にとっては安心です。

既存住宅売買瑕疵保険の仕組み

※売り主が依頼する場合

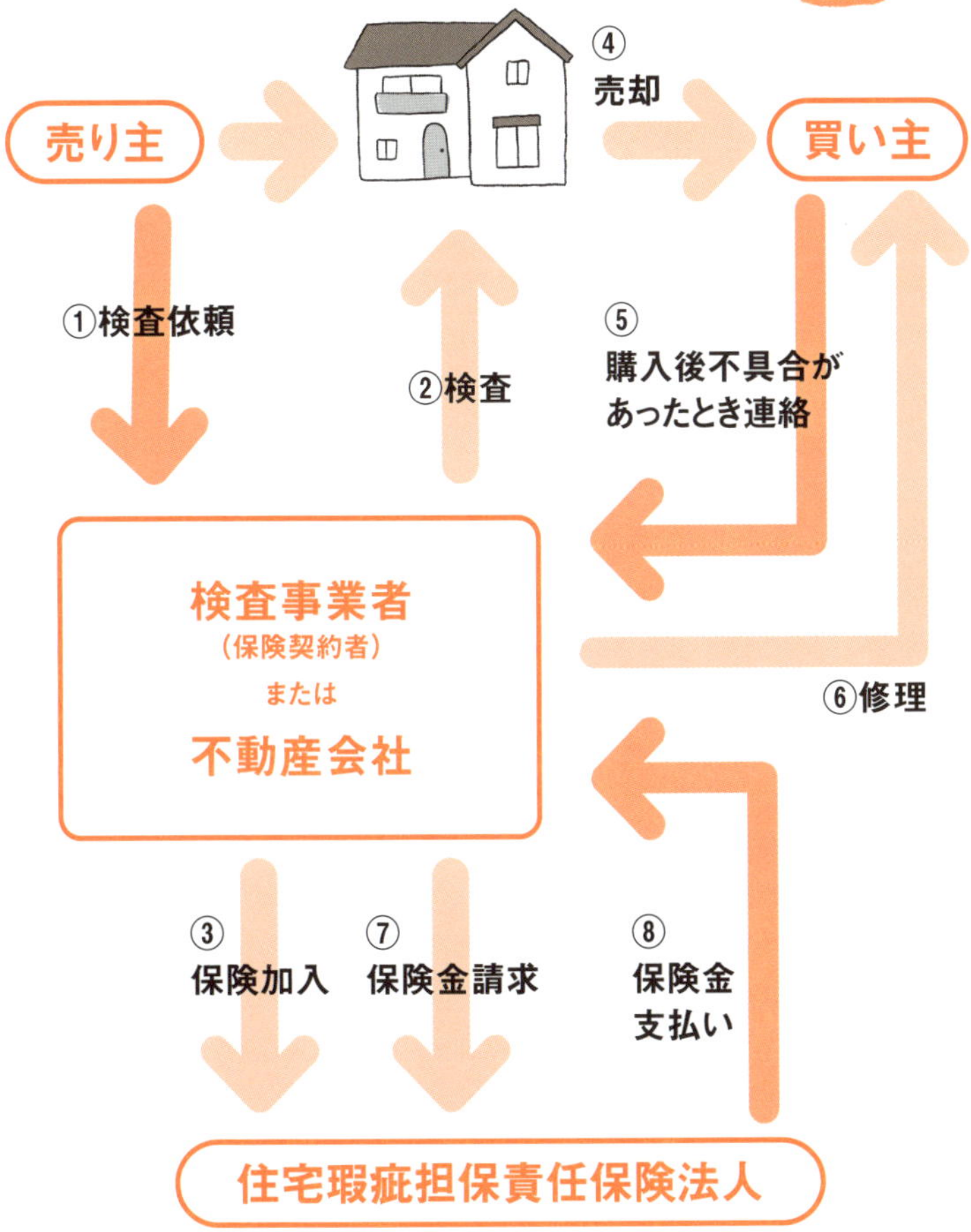

なかなか売れないときはどうしたらいいの？

実家がなかなか売れないとき、「不動産会社を変えたほうがいいのかな？」と考えるものです。ただ、今はインターネットの時代。不動産ポータルサイトやREINS（レインズ）に掲載され、全国の購入希望者や不動産会社が見ているので、契約している不動産会社を変えても、状況が劇的には改善しないかもしれません。

不動産会社と専任媒介契約や専属専任媒介契約を結んでいる場合、**契約期間は3カ月なので、1カ月ほど経っても進展がないときは、ポータルサイトの写真や文言を変える、内覧会を開催してもらうなど、今後の方針を相談しましょう。**

ただ、担当者と相性が悪かったり、信頼できないと感じたりするなら、不動産会社の変更を検討します。契約期間内に解約すると、違約金を求められる可能性もあるので、まずは、3カ月様子を見ます。もし、不動産会社の担当者に対して次のように感じていたら、契約は継続しないほうがいいでしょう。

- **購入希望者の紹介が少ない。**
- **レスポンスが遅く、熱意が感じられない。**
- **専門知識が不足している。**
- **内覧会などを企画していない。**

契約更新は自動ではないので、更新しない旨を不動産会社に伝えます。

不動産会社が「囲い込み」をしていることも

不動産会社が、あえて売らないように操作している場合もあります。不動産会社の収益は、売り主や買い主から支払われる手数料です。売り主と買い主の両方の仲介をすると、どちらからも仲介手数料がもらえるので不動産会社には都合がいいもの。だから、売却希望の物件が出たとき、自分の顧客に紹介しようとするのです。

RAINSを見た他の不動産会社から問い合わせがあると、商談していなくても「今商談中です」と言って、断ってしまうのです。これを「囲い込み」と言って、売り主の利益に反

する行為です。「囲い込み」を見抜くのは難しいのですが、「1カ月経っても、動きが全くない」「大幅な値下げ、もしくは段階的に何度も値下げを提案された」など、不信感を抱くようなことがあったら、要注意です。

トラブルになったときは、不動産会社が所属する団体に相談しましょう。

●全国宅地建物取引業協会連合会

●全日本不動産協会

●不動産流通経営協会

それぞれホームページで、所属している不動産会社を検索できます。また、各都道府県には不動産に関する相談窓口がありますので、相談してもいいでしょう。

他にもこんな方法を試してみる

●お隣りやご近所に声をかけてみる。

不動産会社と自己発見取引ができる媒介契約を結んでいる場合は、隣家などご近所に声をかけてみるのも手。**「増築したかった」「駐車場にしたい」「子どもを近所に住まわせ**

たい」などの理由で、購入してもらえることがあります。

●「空き家バンク」に登録する

２０１５年「空き家等対策の推進に関する特別措置法」が施行され、都道府県、市区町村でも空き家対策を積極的に行っています。**空き家対策の一つに「空き家バンク」があります。売り主が市区町村の窓口に申込書を出して、担当者が現地を確認し、「空き家バンク」に登録します。各市区町村が独自に行っている場合と、国土交通省の事業としてＬＩＦＵＬＬ ＨＯＭＥ'Ｓとａｔ ｈｏｍｅがそれぞれ運営している全国版があります。**

それぞれのサイトには、一般的な方法では売却が難しいような古民家、広くて部屋数が多い家などユニークな物件が多く掲載されています。地方移住、テレワーク、古民家に住みたいなど様々なタイプの購入希望者がサイトをチェックしていることもあり、意外なマッチングが期待できます。

●業者に買い取ってもらう

なかなか売れない場合、**不動産会社や建築会社に買い取ってもらうというのも選択肢の一つです。**メリットは、通常の売却より、時間が省けることです。デメリットは、相場よりも安くなることで、売却価格は6～7割だと言われています。

「空き家の維持費をこれ以上かけたくない」「相続税を払うために、現金が必要」など、早く売りたいと考えるなら、検討してみましょう。

●相続土地国庫帰属制度

相続した家がどうしても売れないとき

Column

体験談

不動産会社と契約してから約9カ月後、古家ごと買ってくれる人に売却できた

不動産会社と契約したらすぐに購入希望者が現れましたが、ドタキャンに。その後、建設会社からの買い取り申し込みがありましたが、売り出し価格より1，000万円近い値引きを要求されて断りました。約9カ月後、ようやく古家ごと買ってくれる人が。230万円の値引きになりましたが、古家の修理費用とし、売却後の「契約不適合責任」を負わない契約を結びました。やっと売れてホッとしました。

（60代　Mさん）

は、**土地を手放して、国の帰属にする制度を利用しても。**将来、土地の所有者が不明になり、管理不全になることの予防として創設されました。法務局に申請し、審査を受けます。承認されると負担金を払い、土地の所有権は国に移転します。

ただし、空き家がある場合は、申請前に更地にする必要があります。また、10年分の土地管理相当額の負担金を払います（通常の宅地は20万円。場所によって加算あり）。

Column

体験談

間口が狭い旗竿地。なかなか売れずに業者買い取りに方向転換

実家の敷地は間口が狭く、2分割して売却できませんでした。古家を解体して新しい家を建てるとなると、1軒分では価格が高くなってしまうよう。個人の方には、なかなか売れません。業者に買い取ってもらってマンションを建てるほうがいいのではと思い、不動産会社に買い取り業者への営業をお願いしました。解体費用はこちらで負担しましたが、半年ほどで売却できました。

（50代　Tさん）

売却によって得た利益は、確定申告が必要になる

実家を売却して譲渡所得を得た場合は、確定申告をして所得税、住民税を払うことになります。譲渡所得は、次のように計算します。

譲渡所得＝譲渡により得た収入－（取得費＋譲渡費用）

譲渡所得の計算方法を説明していきます。**譲渡により得た収入とは、最終的な売買代金などになります。取得費とは、親が実家を取得したときの価格のことです。親が売買契約書、領収書を保管していたら、そこに記載された金額です。**

土地はそのままの金額でいいのですが、建物は年々古くなるので、減価償却といって、価値は年々下がっていきます。建物の取得費は次のように計算します。

建物の取得費＝取得時の価格－経過年数による減価償却費相当額（取得時の価格×0.9×減

価償却率×築年数）

減価償却率は、下の表にまとめましたが、建物の素材によって変わってきます。またそれぞれの減価償却年数を超えると、建物の価格がゼロになります。

例えば、木造住宅を2，000万円で取得し、30年経ったときの価格を計算してみましょう。

建物の取得費＝2，000万円－2，000万円×0.9×0・031×30年＝326万円

もし、**領収書や売買契約書がなく、取得時の金額がわからないときは、売却価格の5％が取得費になります。**2，000万円で売れたとしたら、100万円が取得費となり、実

自己居住用として使用した住宅の減価償却率

	木造	鉄骨造（4mm超）	鉄骨造（3mm超～4mm以下）	鉄骨造（3mm以下）	RC造
法定償却年数	33年	51年	40年	28年	70年
償却率	0.031	0.02	0.025	0.036	0.015

建物の構造によって償却年数が異なり、償却率が決められている。自己居住として使用していた住宅は、減価償却期間が通常の1．5倍になるので、この表を参考に。

際よりも低い金額になってしまいます。

譲渡費用とは、仲介手数料、更地にした場合の解体費、測量費、売買契約書の印紙代など、土地や建物を売るときにかかった経費のことです。リフォーム代、遺品整理代、ホームインスペクション代などを含められるかどうかは、ケースバイケース。迷ったときは、税務署に相談しましょう。

譲渡所得＝譲渡により得た収入－（取得費＋譲渡費用）に当てはめて計算し、譲渡所得がマイナスになったら、確定申告をする必要はありません。

税金が安くなる控除と特例

譲渡所得がマイナスにならない場合、税金を安くする控除と特例があります。**一つ目は、「空き家の譲渡所得3,000万円特別控除」（90ページ参照）です。**当てはまる場合は、次のように計算してみましょう。

譲渡所得＝譲渡により得た収入－（取得費＋譲渡費用）－3,000万円

132ページでシミュレーションをしたので、参考にしてください。

もう一つは、「取得費加算の特例」です。相続したときに、相続税を払ったならば、実家分の相続税を取得費に加算できるという特例です。相続税全体ではなく実家分の相続税だけですので、まずは133ページの実家にかかる相続税の計算の仕方を参考に、計算してみましょう。少し面倒な計算になりますが、取得費が高くなれば、税金を抑えることができるので、ぜひやってみてください。

ただし、この控除と特例は併用できません。また、確定申告をしないと適用されないので、控除や特例を使って譲渡所得がマイナスになっても、必ず確定申告をしましょう。

どちらも期限があり、「空き家の譲渡所得3,000万円特別控除」は相続が発生してから3年以内、「取得費加算の特例」は3年10カ月以内です。 実家がなかなか売却できない場合は、期限ギリギリになることもあるので、あらかじめ制度の内容をチェックし、準備しておくことも大切です。

確定申告時に「空き家の譲渡所得3,000万円特別控除」や「取得費加算の特例」を利用したら?

実際に、控除と特例を利用した場合をシミュレーション。どの制度も確定申告をしないと適用されないので、机上で計算して税金がかからないからと申告しないのはNGです。

条件例　**実家は4,000万円で売却。取得費は3,000万円、譲渡費用は300万円。居住期間は30年。**

●例1　控除も特例も利用しない場合

売却価格4,000万円－取得費3,000万円－譲渡費用300万円
＝譲渡所得700万円

譲渡所得700万円×20.315%(左表の税率を参照。所得税、住民税、復興特別所得税をプラスしたもの)＝**譲渡税142万2,050円**

●例2　「空き家の譲渡所得3,000万円特別控除」を利用した場合

売却価格4,000万円－取得費3,000万円－譲渡費用300万円
－特別控除3,000万円＝**譲渡所得700万円≦3,000万円のため課税されない**

特別控除によって譲渡所得3,000万円以内は非課税になるので、税金は払わない。

●例3 「取得費加算の特例」を利用した場合

まずは、実家にかかる相続税を計算する(相続税は500万円、実家の評価額3,000万円、相続財産の総額4,000万円)

$$相続税500万円 \times \frac{実家の評価額3,000万円}{相続財産4,000万円} = 実家分の相続税375万円$$

売却価格4,000万円－(取得費3,000万円＋実家分の相続税375万円)
－譲渡費用300万円＝譲渡所得325万円
譲渡所得325万円×20.315%(下表の税率を参照。所得税、住民税、復興特別所得税をプラスしたもの)＝**譲渡税66万237円**

譲渡所得の通常の税率

相続した実家を売却したときの税率。被相続人の所有期間を含めるので、長期譲渡(5年超)になることが多いです。

	所得税	住民税
所有期間が5年を超える長期譲渡	15%	5%
所有期間が5年以下の短期譲渡	30%	9%

※2037年まで復興特別所得税として所得税の2.1%を合わせて、納税する。

いずれ、の前に

実家はいずれ
1 私が住む
2 売る
3 貸す
この3択
どれもまだピンとこない
私が住む
売る
貸す
うーん
現実味が…
売るとか貸すとかウチでできるのかなあ
築50年だし
市街地じゃないし
はっっ
そういえば!!
そもそも実家は何ひとつ父の遺品を整理していない
服も
本も
家具も
〆切が決まってないものはいつまでも先のばしにしがち…
すっかり忘れてた
ねえー

4章

親が亡くなった後の「実家の相続」について

色々あった、我が家の相続

遺産分けが終わったと思ったら、あとから通帳が出てきたのも面倒だった！
ギャアアア
お母さん、今のうちに通帳の口座とか全部教えておいてね
はいはい
おねがいします
アキたちに面倒かけたくないから、なんでも聞いてね
ドッ
にゅっ
使っていない口座があるなら、今のうちに解約の手続きをしておくといいですよ
なるほど、いいことを教えてもらいました
パン
ばあば
アキ、次は銀行ね！今度車で連れて行って！
ヨーシ
やる気だ
わっ

そもそも**相続**ってどういうこと？

「相続」というと、お金持ちの家の話だと思っている人もいるかもしれません。しかし相続は、誰にでも発生するものです。人が亡くなると、その人の財産や義務・権利を、配偶者や子どもなど法律で決められた身分の人たちが引き継ぐことになります。

　相続が発生した場合は、遺産の金額にかかわらず、相続の手続きが必要になります。**亡くなった人を「被相続人」といい、遺産を相続する人のことを「相続人」といいます。**誰が相

相続順位

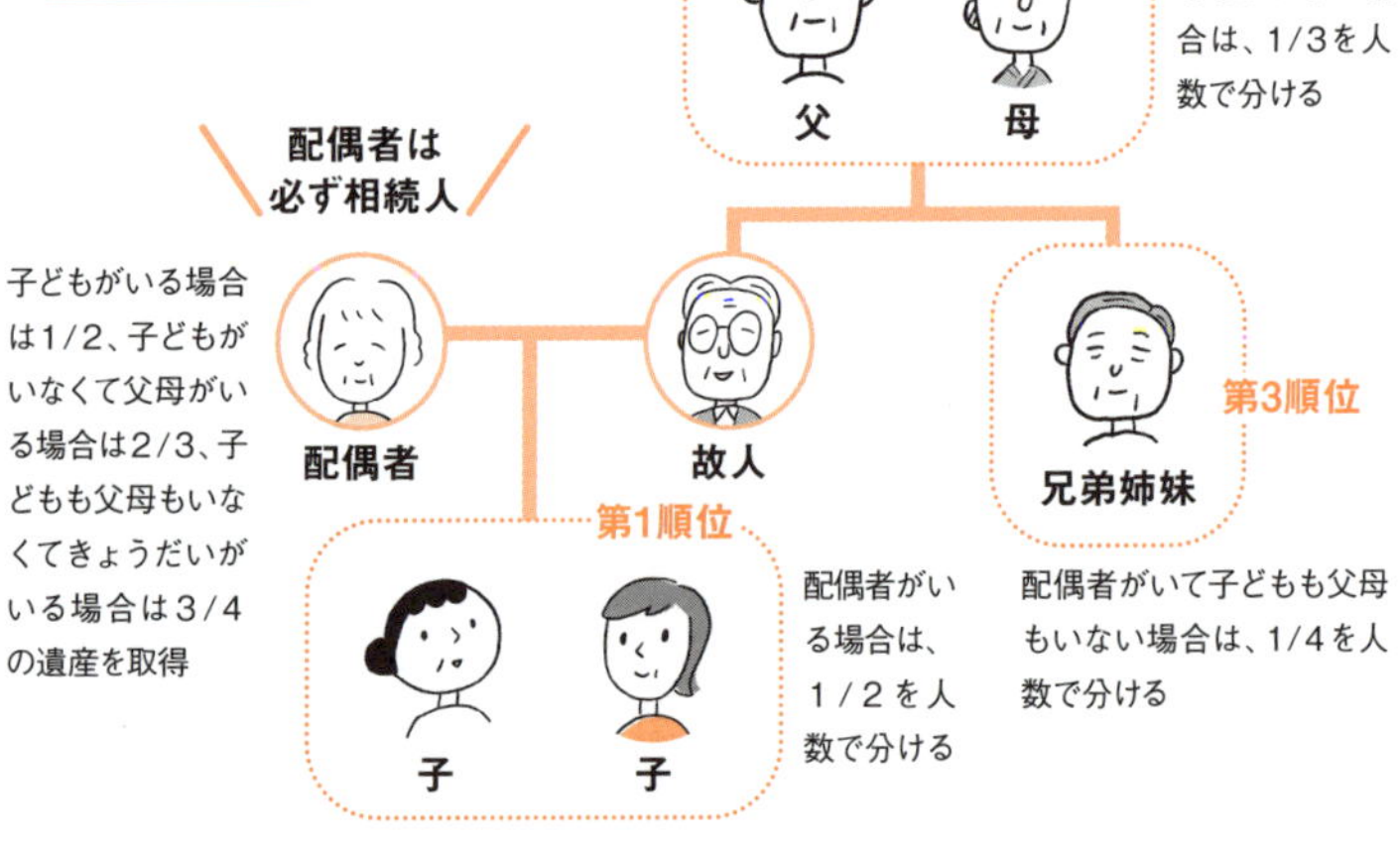
第2順位
配偶者がいて子どもがいない場合は、1/3を人数で分ける

続人になるのかは法律で決められており、これを**「法定相続人」**といいます。配偶者は必ず相続人になり、子どもがいる場合は半分を相続します。子どもがいない場合は配偶者＋父母が、父母もいない場合は配偶者＋きょうだいが相続人になり、それぞれ、遺産の割合が変わってきます。配偶者がいない場合は、右ページ下の図のように、第1～3位の順で相続人になります。

相続するのはプラスの財産だけではない

忘れてはいけないのは、**遺産にはプラスのものだけでなく、マイナスのものもある**ということです。例えば借金や未払金、税金なども遺産に含まれます。**相続する場合には、プラス・マイナスの財産をすべて引き継がなくてはなりません。**「プラスの財産だけを相続したい」ということは許されないのです。

しかし、相続は絶対にしなければいけないものではなく、**望まない場合は拒否することができます（相続放棄）。**借金などマイナスの財産が多い場合や、ほかのきょうだいに譲りたい場合など、様々な理由によって相続を放棄する人はいます。その場合、「マイナスの財産だけを放棄」というのはできないので、財産をすべて放棄することになります。
マイナスの財産がどの程度あるか不明な場合、相続によって得た財産の範囲で、債務の負担を受け継ぐ「限定承認」という方法もあります。ただし、手続きが非常に複雑なので、弁護士や司法書士などの専門家に依頼しましょう。

相続が開始されるのは、亡くなった日からです。そこから7日以内に死亡届を提出し、2週間以内に住民異動届の提出や、年金の受給停止手続きなどを行わなければなりません。そのほかにも左のような様々な手続きが必要になり、それぞれに期限が定められています。

もし期限内に手続きを行わなかった場合は、**延滞税などのペナルティが課せられる場合もある**ので、注意が必要です。

相続の手続きとスケジュール

相続開始（逝去日）

7日以内	・死亡届の提出
14日以内	・住民異動届の提出 ・国民健康保険被保険者証の返却 （国民健康保険被保険者資格喪失届の提出） ・年金の受給停止手続き（国民年金）
1カ月以内	・遺言の有無の確認 ・遺産分割協議開始 ・携帯電話、クレジットカード解約 ・公共料金の口座振替の変更
3カ月以内	・相続人調査・戸籍等の取得 ・財産調査 ・相続放棄または限定承認（※1）
4カ月以内	・所得税・消費税の準確定申告
10カ月以内	・相続税申告、納付
1年以内	・車の名義変更 ・預貯金・株式・投資信託などの相続手続き ・遺留分侵害額請求
2年以内	・葬祭費、埋葬費の申請 ・高額医療費の申請
3年以内	・不動産名義変更（相続登記）（※2） ・生命保険金の請求
5年以内	・遺族年金、未支給年金の受給申請

※1 自身が相続人であると知ったときから3カ月以内。 ※2 自身が相続人であり、かつ不動産の所有権を取得したと知ったときから3年以内。

「相続人調査」で法定相続人を確定する

両親が亡くなったら、誰が法定相続人なのかをリストアップする必要があります。そのために、**被相続人の出生から死亡までの戸籍を調べます。これを「相続人調査」といいます。**

被相続人の本籍地が他県にある場合などは、郵送で書類を取り寄せることができます。日数がかかるので、亡くなったらすぐに手配したいものです（左ページ参照）。

出生から死亡までの本籍地をすべて確認しなければならないので、被相続人が何度も転居していた場合などは、書類の取り寄せが大変です。しかし相続人調査は、遺産分割を正確に行い、相続トラブルを回避するために避けられない、大切な作業です。

ちなみに**除籍謄本については、生前でも取得することができる**ので、あらかじめ取り寄せておいてもらえるとスムーズです。

被相続人の兄弟姉妹や甥姪が相続人である場合は、さらに、被相続人の父母それぞれの死亡から出生までの戸籍謄本、除籍謄本、原戸籍謄本、そして直系尊属の死亡の記載のある戸籍なども必要となります。

相続人調査の方法

1 被相続人の死亡から出生までの連続した戸籍謄本、除籍謄本、原戸籍謄本を取得する。

それぞれ、被相続人がその時点で本籍を置いていた市区町村の役所から取り寄せる。

まずは最後の本籍地の市区町村の役所から書類を取得し、その書類から以前の本籍地を確認したら、そこの役所でまた書類を取り寄せるというように、ひとつずつ順に遡っていくとよい。

2 相続人全員の現在の戸籍謄本（または戸籍抄本）を取り寄せる。

それぞれの相続人に、自分で取得してもらえるとスムーズ。もし連絡の取れない相続人がいる場合は、被相続人の戸籍謄本などからその人の戸籍をたどり、現在の戸籍謄本を取得する。

相続する**遺産**にはどんなものがある？

では、相続における「遺産」とはどんなものでしょうか？　すぐに思いつくのは、現金や預貯金、そして家・土地などの不動産です。ほかに、**株式や投資信託、車、宝石や美術品**などもあります。**電子マネーももちろん遺産です**から、忘れないようにしましょう。

また前述したように、借金や未払金、税金などのマイナスの財産も「遺産」となります。

「**権利**」も遺産の対象となります。例えば**ゴルフ会員権、著作権**などです。

一方で、国家資格や生活保護受給権などの一身専属権（特定の人に生じて、他人に移転しない権利）や、墓地や仏壇などの祭祀財産は相続の対象にはなりません。そのほか、亡くなったことにより発生する生命保険金や死亡退職金、弔慰金なども、受け取る人が指定されているので、遺産分割協議の対象にはなりません。ただし**「みなし相続財産」として、相続税の課税対象にはなる**ので注意しましょう。

遺産の範囲

プラスの遺産	・現金 ・預貯金 ・株式 ・投資信託 ・不動産 ・貴金属・宝石・ブランド品 ・絵画・骨董品
マイナスの遺産	・借金 ・保証債務 ・税金など(公租公課) ・未払い金
遺産にならないもの	・生命保険の保険金 ・死亡退職金・弔慰金 ・資格 ・仏壇・位牌 ・墓地・墓石

遺産を正確に把握することが大切

相続人が2人以上いて、財産を相続する場合には、**相続人全員で遺産の分割について話し合う「遺産分割協議」を行う**ことになります（154ページ参照）。しかしその協議後に、知らなかった財産が見つかったり、あると思っていた財産がないと判明したりすると、相続人の間でトラブルが起きる可能性があります。

それを避けるためには、**正確な相続財産の調査をすることが必要**です。もし相続放棄を検討する場合でも、財産の内容がきちんとわからないと、選択することができません。

尚、相続放棄や限定承認を選ぶ場合には、相続人になったと知った日から**3カ月以内に、家庭裁判所に申し立てをする**必要があります。相続財産の調査は、その前に終えられるよう、早めに進めたほうがいいでしょう。

調査する方法は、財産の種類によって異なります。通帳やキャッシュカードのほか、金融機関や税務署から届いた郵便物、メールのやり取りなども、財産の確認に役立ちます。

調査は、弁護士や司法書士などの専門家に依頼することも可能です。

不動産の金額は、固定資産税の納税通知書の課税明細書を見ればわかります（詳しくは160ページ参照）。もし書類が見つからず確認できない場合は、不動産の所在する市区町村の役所に問い合わせて、「固定資産評価証明書」を取り寄せる必要があります。

そのほか、ネット銀行やネット証券の口座、暗号資産（仮想通貨）や電子マネー、マイレージやクレジットカードのポイントなどの「デジタル遺産」も、確認しましょう。

マイナスの財産があるかどうか心配な場合は、信用情報機関に開示請求をして確認することができます。ローンやクレジットなどの契約内容、返済・支払状況、取引事実に関する情報が得られます。

気をつけなければいけないのは、「保証債務」です。被相続人が誰かの借金の連帯保証人になっていた場合、債務者が返済できないときには、代わって支払う義務がありますが、この義務も、財産として相続人に引き継がれます。連帯保証の契約書がないかどうか、確認しましょう。

実家はどのように相続するの？遺産はどう**分配**される？

実家をはじめとする遺産は、どのように相続すればいいのでしょうか。

相続の割合は法律で定められており、遺言書がない場合は、**法定相続割合に沿って分配されます**。もし被相続人に配偶者がなく、子どもが１人だけだった場合は、その子どもの法定相続割合が１００％となります。**子どもが複数いる場合は、等分ずつ人数で分ける**ことになります。

両親のどちらかが亡くなったときに生じる相続を「一次相続」、残った親が亡くなったときの相続を「二次相続」といいます。一般的に一次相続の相続人は「配偶者と子」、

遺産の範囲

相続人	法定相続割合
配偶者と子１人	配偶者1/2、子1/ 2
配偶者と子２人	配偶者1/ 2、子1/ 4ずつ
子１人	すべて
子２人	1/2ずつ
子３人	1/3ずつ

二次相続の相続人は「子」となります。**二次相続では**、一次相続よりも法定相続人が減るので、基礎控除額が減少し、配偶者控除なども使えなくなります。さらに、両親2人の財産が合算され、遺産額が多くなる可能性があり、**相続税が増えることが多いので注意が必要**です。

遺産を分割する4つの方法

実家を相続する際、きょうだいがいる場合はどのように分けるのでしょうか？

遺産分割には、四つの方法があります。

一つめは「現物分割」です。**不動産などの財産をそのまま相続するという方法**で、例えば実家を長女が、車は長男が相続するといった場合です。スムーズでわかりやすい分け方といえますが、完全に公平にできないのがデメリット。公平にするために、預貯金などで調整する方法もあります。

二つめは、「換価分割」です。換価分割は、**不動産や株式などの資産を売却して現金に変えてから、分割するという方法**。これなら、1円単位で公平に遺産を分割することができます。実家を売ると決めている場合には、この方法が向いているかもしれません。デメリットは、不動産会社とのやり取りや売却などに手間がかかり、時間がかかることです。また、不動産を売却することで譲渡所得税が発生する可能性もあります。

三つめは、「共有分割」です。**「相続した不動産を相続人の間で共有する」ことで分割する方法**。例えばきょうだい2人が、実家を半分ずつの割合で共有取得するケースなどです。しかし、実家を売却したり改修したりする場合には、共有者全員の同意が必要です。

四つめが、「代償分割」。特定の相続人が不動産をすべて取得する代わりに、ほかの相続人に代償金を分配するというものです。

遺産には「特別受益」も加算される

遺産分割の際に忘れてはならないのが、「特別受益」の問題です。

「特別受益」とは、**法定相続人のうちの誰かが、故人が亡くなる前に特別に得ていた利益**のこと。遺産分割の際には、これも加算して算定されます。相続人間の不公平をなくすための制度ですが、特別受益となるかどうかは、様々な要因が作用するので判断が分かれます。話し合いで合意が得られなければ、遺産分割調停や審判に持ち込まれることになります。

特別受益を考慮した遺産分割の計算方法

法定相続人の中に特別受益を受けた人がいる場合は、以下の方法で相続分を計算し、遺産分割をすることになります。

●特別受益を受けていない人の相続分の計算方法

＝（相続財産＋特別受益分）× 法定相続分割合

●特別受益を受けた人の相続分の計算方法

＝（相続財産＋特別受益分）× 法定相続分割合

－ 特別受益にあたる金額（贈与額や遺贈額）

条件例

相続財産が4,000万円で、相続人が長女、長男、次男の3人。
長男だけが、特別受益分800万円を生前贈与されているケース。
法定相続分割合…それぞれ3分の1ずつ

- **特別受益を受けていない長女**
  ＝（4,000万円＋800万円）×3分の1＝1,600万円
- **特別受益を受けた長男**
  ＝（4,000万円＋800万円）×3分の1－800万円＝800万円
- **特別受益を受けていない次男**
  ＝（4,000万円＋800万円）×3分の1＝1,600万円

遺言書が見つかったら、遺産分割はどうなる？

相続の手続きは、遺言書があるかどうかで大きな影響を受けます。遺産分割を決めた後に遺言書が見つかったりしたら、大変な混乱が起こりかねません。**遺言書が残っている可能性があるなら、「遺言書調査」を行いましょう。**

遺言書には、公正証書遺言と自筆証書遺言があります（58ページ参照）。公正証書遺言は、平成元年以降のものなら、最寄りの公証役場で遺言検索システムを使って検索できます。それ以前に作成されたものは、遺言を作成した公証役場で直接照会する必要があります。

自筆証書遺言の場合は、自宅の中や金融機関の貸金庫など、保管していそうな場所を探す必要があります。亡くなった人が、法務局の「自筆証書遺言書保管制度」（60ページ参照）を利用していた場合は、法務局から事前に指定されていた人に対して通知が来ます。

自筆証書遺言が発見された場合、勝手に開封してはいけません。家庭裁判所で「検認」の

遺言書のタイプ別、遺言の執行の流れ

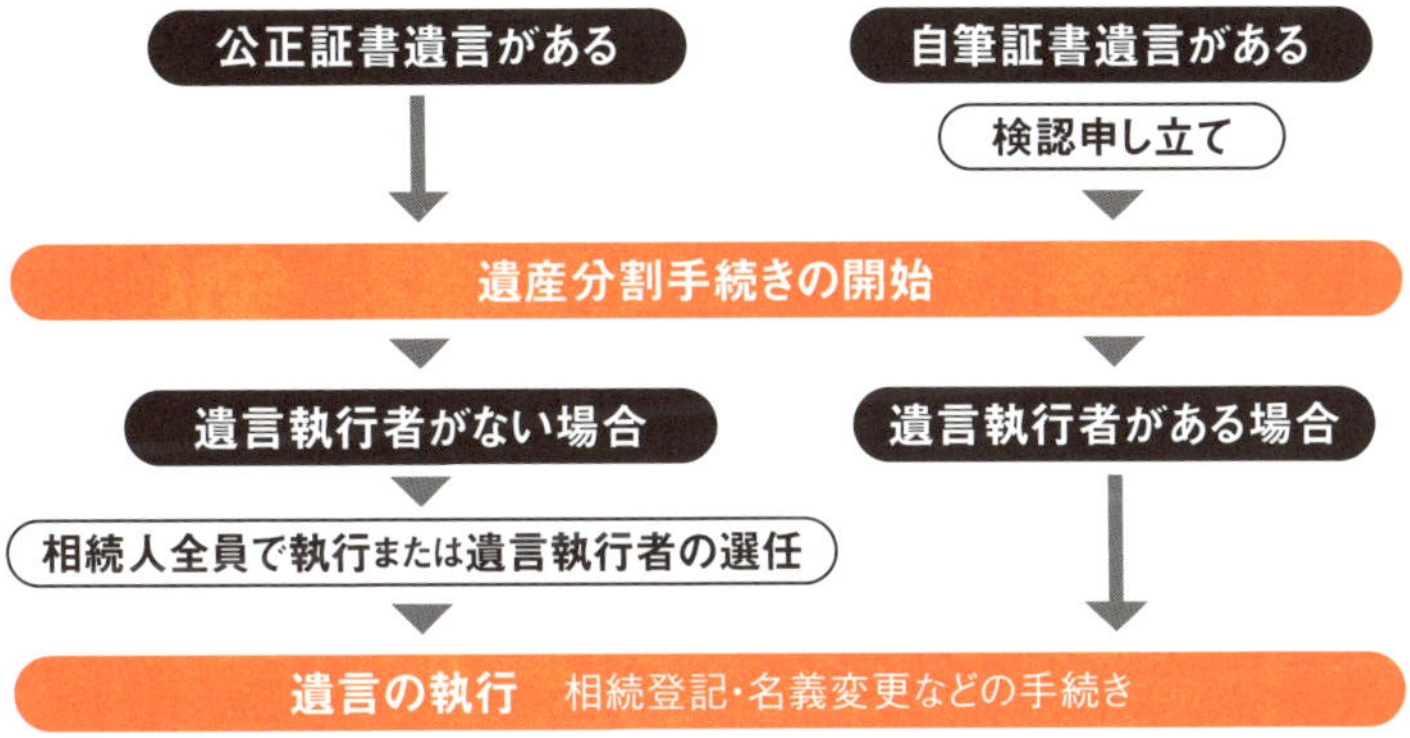

手続きを受ける必要があります。ただし「自筆証書遺言書保管制度」を利用していた場合は、検認が不要になります。遺言により、「遺言執行者」が定められている場合は、その人が相続の手続きを行うことになります。

遺言は、その内容が法的要因を満たしていれば、法定相続割合にかかわらず、遺産の承継方法を自由に決められます。例えば、**法定相続人以外の個人に財産を遺贈したり、特定の団体に遺贈すること（遺贈寄付）も可能**です。しかし、もし法定相続人が遺言の内容に納得できない場合、必要な条件を満たせば、遺産分割協議により遺言と異なる遺産分割をすることは可能です。

「実家じまい」をスムーズにする遺産分割協議のやり方

「実家じまい」をスムーズにするためには、遺産の分け方について相続人全員で話し合う**「遺産分割協議」をスムーズに進めることが大切**です。

相続人が1人しかいない場合、もしくは有効な遺言書がある場合には、遺言の内容に沿って相続が行われることになりますが、相続人が2人以上いて遺言書がない場合、または相続人が遺言の内容に合意しない場合には、「遺産分割協議」を行うことになります。

遺産分割協議にとくに期限はありませんが、被相続人が亡くなってから10年を過ぎると、「特別受益」や「寄与分（被相続人の財産の維持・増加に貢献した人の取り分を多くすること）」の主張を行うことができません。また、遺産分割協議を行わないと、**遺産相続の手続きを期限内に終わらせることが難しくなる場合もある**ので、注意が必要です。

遺産分割協議を行う前には、次のことを確実に終わらせておく必要があります。

遺産分割協議に必要な書類

- **被相続人の戸籍謄本と除籍謄本など**
- **相続人全員の戸籍謄本**（法定相続人であることの証明）
- **相続財産目録**（故人が残したすべての資産と負債を記載）
- **遺言書**（存在する場合）
- **不動産関連書類**（登記事項証明書、固定資産評価証明書※）
- **金融機関の口座情報**（残高証明書）

※固定資産税の納税通知書の課税明細書でも可

●**誰が相続人なのかを調べて確定する**（142ページ参照）
●**遺産を漏れがないように調査する**（146ページ参照）
●**遺産を適切に評価する**（159ページ参照）

これらの手続きに漏れがあると、遺産分割協議が無効となったり、後でもめる可能性もあるので、慎重に準備します。

そのうえで、相続人全員に「相続開始」を通知し、協議を行う日時と場所を相談します。もし連絡が不十分で、**相続人の一部が不参加だと、遺産分割協議そのものが無効**となってしまいます。通知を確実に送ったことを証明するために、内容証明を送付しておくと安心です。

遺産分割協議の際には、上のような書類が必要です。中でも「相続財産目録」は協議を行うために非常に重要なものです。現金以外の財産は、価値を決めるのが難しいので、**財産の種類によって評価方法が決められています**（相続税評価額）。

協議がまとまらない場合

遺産分割協議の成立には、相続人全員の合意が必要です。遠方に住んでいるなど、どうしても出席が難しい場合は、**「電話会議」を希望するという対応も可能**です。

相続人が行方不明でどうしても連絡がつかない場合は、家庭裁判所に「不在者財産管理人」の選任の申し立てをして、代わりにその管理人に協議に参加してもらいます。

また、相続人が未成年の場合は、遺産分割

Column

体験談

きょうだいに遺産放棄をしてもらい自分で実家じまい

実家は山あいの小さな集落にある築90年以上の建物です。以前父が亡くなったときに、田んぼと山も一緒に長男の私が相続し、母親やきょうだいには遺産放棄をしてもらっていました。今度は母親が亡くなり、実家じまいをすることに。空き家バンクに登録したところ、買い手が決まり、みんなで「住んでくれる人がいてよかった」と喜びました。何度も帰省し、交通費がかかりましたが、その分様々なことを早く決断できた気がします。（70代　Sさん）

協議に参加することができません。代わりに遺産分割協議を行う「特別代理人」を定める必要があります。一般的には、相続の当事者でない親族の誰かが特別代理人になります(家庭裁判所への届け出が必要)。

相続人が集まったら、相続の割合について話し合いをします。相続人全員が合意したら、その内容をできるだけ速やかに**「遺産分割協議書」にまとめ、相続人全員が実印を押して印鑑登録証明書を添付。これをもって協議成立となります**。この遺産分割協議書は、公正証書にしておくと安心です。公正証書は債務名義となり、守らない相続人に対しては強制執行できる効果があります。

しかし遺産分割協議では、相続人同士の対立が起きることも珍しくありません。もし相続人の意見が異なり、誰も譲歩しない場合、もしくは協議に応じてもらえない場合は、弁護士に代わりに交渉してもらうという方法があります。**最終手段としては、家庭裁判所に「遺産分割調停の申し立て」を行う**ことになります。調停でもまとまらない場合は、裁判官による審判に移行し、裁判所の判断を得ます。

遺産分割協議の成立後は、遺産の名義変更の手続きを進めることになります。

実家はいくらになる？
不動産を相続する

実家の土地や建物を相続することになった場合、どうすればいいのでしょうか。

２章の50ページでも紹介しましたが、亡くなった人が所有していた不動産の名義を変更することを「相続登記」といいます。実家を誰が相続するのかを決めたら、その人の名義に変更します。法律の改正によって、期限は「自分が相続人であることを知り、かつ、不動産の所有権を取得したことを知ったときから3年以内」となったので、なるべく早めにしましょう。

この相続登記ですが、次の三つのパターンによって用意する書類が異なるので、注意が必要です。

①遺言による相続登記
②遺産分割協議による相続登記
③法定相続分での相続登記

相続登記は、法務局に問い合わせたり参考書を読んで自分で行うことも可能ですが、手間と時間がかかります。自信がない方や、忙しい方は司法書士に依頼することをおすすめします。

不動産の価格の調べ方は3通り

実家などの不動産を相続する場合は、遺産分割をするために、そして相続税の計算をするために、資産価値を調べる必要があります。では、その資産価値はどうやって算出するのでしょうか。

不動産を評価する際は、次の三つの金額のいずれかを使うのが一般的です。

①**実勢価格(時価)…土地や建物を実際に市場で売買するときの価額。**売買が成立するまでは確定しないので、確実には不動産鑑定士による鑑定書が必要。しかし費用が高額(一般的には30万円程度)なため、不動産業者が作成してくれる簡易査定書で代用することも多い。

②**相続税評価額…相続税や贈与税を計算するときの基準となる価格。**「路線価方式」と「倍率

方式」がある(下の算出方法参照)。路線価とは、路線に面する標準的な宅地の1㎡あたりの価額のこと。路線価が定められていないエリアでは、「倍率」を確認して固定資産税評価額を元に計算する。路線価や倍率は、国税庁のホームページ「財産評価基準書　路線価図・評価倍率表」で確認できる。

③固定資産税評価額…**固定資産税や都市計画税の算出基準となる金額**。相続登記の登録免許税を算定する際にも使われる。毎年4～6月頃に送付される「固定資産税の納税通知書」で確認できる。見つからない場合には、市区町村の役所で「固定資産評価証明書」をもらう。

相続税評価額の算出方法は?

不動産の相続税評価額を算出するには、「路線価方式」と「倍率方式」の2通りがあります。算出方法は以下のとおりです。

路線価(1㎡あたりの価格) × **土地の面積**
= **所有する土地の評価額**

- **路線価方式の例　路線価が28万円、土地の面積が120㎡の場合**
  28万円×120㎡=3,360万円

固定資産税評価額 × **倍率** = **所有する土地の評価額**

- **倍率方式の例　固定資産税評価額が2,750万円、倍率が1.2の場合**
  2,750万円×1.2=3,300万円

不動産の相続税評価額については、土地は②、建物は③の金額が使用されます。しかし遺産分割協議をするうえで、土地の評価にどの金額を適用するのかは悩ましい問題です。

一般的に**実勢価格で算出したほうが、評価額が1～2割程度高くなる傾向があります。**不動産を遺産として取得したい相続人にとっては、評価額が低いほど有利なので、相続税評価額を使いたいでしょう。しかしそれ以外の相続人は、公平性を保つために、実勢価格を使うことを主張するかもしれません。

話し合いで合意できない場合には、家庭裁判所での調停を経て、最終的には審判に委ねられますが、そうすると遺産分割時の実勢価格で判断されることになります。

なお、旗竿地、三角形といったいびつな土地（不整形地）、崖地などは減額補正が行われ、正方形や長方形の土地に比べて評価額が安くなります。

マンションの評価額

実家がマンション（分譲）の場合、資産価値はどうなるのでしょうか。

家屋の金額は一戸建ての場合と同様、**固定資産税評価額で評価**されます。土地の金額は、先ほどご紹介した土地の評価額に、「敷地権の割合」をかけて、土地評価額を算出することになります（下の算出方法参照）。

敷地権の割合は、マンションの売買契約書や登記事項証明書に記載があるはずなので、確認します。

配偶者には居住権がある

両親のいずれかが亡くなった後、残された配偶者が実家で1人で生活するというケースも少なくありません。しかし、実家が相続の対象となる場合は、どうなるのでしょう？

もし残された配偶者が実家の所有権を相続するのであれば、問題はありません。しかし

マンションの土地の評価額の算出方法は？

相続する実家がマンション（分譲）の場合には、所有する土地の評価額は以下の方法で算出します。敷地権の割合を確認する必要があります。

マンション全体の土地評価額 × **敷地権の割合**

＝ **所有する土地の評価額**

- **マンション全体の土地評価額が4,000万円、敷地権割合が1/10の場合**

4,000万円×1/10＝400万円

（所有する土地の評価額）

そうでない場合は、実家を相続した人から家を借りて住むことになります。

例えば、子どもが実家を相続した場合、居住している配偶者は子どもに家賃を払ったり、退去を求められれば出ていくことになったりと、不利益な状況になるケースもありました。そのような状況を避けるために、２０２０年４月に民法が改正され、**「配偶者居住権」が設けられました。**

配偶者は、亡くなった人が所有していた建物に無償で住み続けることができます。ただし、「亡くなった人が所有していた物件に、配偶者が相続開始の時点で居住していたこと」などの条件があります。

配偶者居住権は、遺産分割協議や遺言などによって設定され、登記が義務づけられています。この権利は**基本的に配偶者が亡くなるまで存続する**ので、それ以前の物件売却が難しくなってしまうことに気をつけましょう。

預貯金、車、株式、投資信託など不動産以外のものを相続する

銀行や信用金庫、郵便局などの預貯金口座も、相続の対象となります。

預貯金を相続するためには、**被相続人がどの金融機関に口座を持っているのかを把握する**必要があり、調査が必要です。まずは家の中で、金融機関の通帳やキャッシュカードを探します。金融機関からの郵便物やメール、クレジットカードの明細書や、年金の振り込み先を確認するのも役立ちます。金融機関からの粗品やカレンダーもヒントになるでしょう。

金融機関の目星がついたら、問い合わせをします。「全店照会」という方法で、すべての支店を検索して、口座が存在するかどうか調べてもらえます。

相続人が預貯金の相続手続きのために金融機関に申し出ると、**口座が凍結され、入出金や振り込みができなくなります**。公共料金やクレジットカードなど、自動引き落としで支払っているものがある場合は、支払い方法の変更や解約の手続きをする必要があります。

また、口座凍結の前に預貯金を引き出すのは、本来は許されないことですが、葬儀費用などが必要になる場合もあるでしょう。お金を引き出したい場合は、あとでトラブルにならないように、ほかの相続人の同意を取りつけておくことが大切です。

預貯金相続の手続き

遺産分割協議や遺言書によって預貯金を相続する人が決まったら、その人が金融機関で手続きをします。相続人が複数いる場合、遺言書がある場合とない場合で、手続きや必要な書類が異なります。必要書類を提出してから払い戻しまでは、1～2週間ほどです。

金融機関での相続手続きに期限はありませんが、**放置しておくと払い戻しの手続きが難しくなる**場合も。さらに、最終異動日から10年間経過した預貯金は「休眠預金」として預金保険機構の管理下に移されるので、できるだけすみやかに手続きを行いましょう。

預貯金の相続手続きは、面倒な場合や、病気などで外出が難しい場合は、専門家に依頼することもできます。主な依頼先は、弁護士、司法書士、行政書士、税理士などです。

遺産分割前の預金の仮払い制度

遺産分割協議がすぐに行えなかったり、協議がなかなか成立しなくて、手続きができない場合もあるでしょう。そういう場合に便利なのが、「相続預金の仮払い制度」です。

生活費や葬儀費用の支払い、相続債務の弁済などの資金需要に対応できるよう、**遺産分割前にも払い戻しが受けられる制度**で、金額には一定の上限があります。

仮払いは、ほかの相続人の同意がなくても受けられますが、トラブルを防ぐためにはきちんと全員の同意を取り付けておきましょう。

遺産分割前に全額仮払いを受けたいという場合は、家庭裁判所に仮払いを申し立てる方法があります。金額の上限はありませんが、手間と日数がかかり、手数料が必要です。

相続預金の仮払いの上限金額は?

遺産分割前に預金の払い戻しを受ける際には、上限金額が決まっています。以下の方法で算出します。

相続開始時の預貯金債権の額(預貯金残高) × **1/3** × **仮払いを求める相続人の法定相続分** ＝ **仮払いできる金額**

- **預金額が450万円で、仮払いを受ける相続人の法定相続割合が2分の1の場合**

  450万円×1/3×1/2＝75万円まで ＜ 仮払いできる金額

車や株式、投資信託、暗号資産などの相続と手続き

車や株式、投資信託、仮想通貨なども相続の対象となります。手続きで使用する書類は、預貯金の相続手続きと共通するものが多いので、並行して行うことで手間が省けます。

車の相続と手続き

まず、**自動車検査証(車検証)の所有欄を確認。**名義人が被相続人でなく信販会社やディーラーになっている場合、ローンの返済中なので、相続人が返済する。名義の変更は、運輸支局で手続きを行う。相続する車の時価が100万円以下の場合や、軽自動車の場合は、手続きや書類が簡易になる。

株式や投資信託の相続と手続き

株式の相続については、**証券会社に連絡をして、「残高証明書」の発行を請求**する。証券会社から、「取引残高報告書」などの書類が定期的に送られてきているはずなので、探す。

もし証券会社がわからない場合、**「証券保管振替機構(通称ほふり)」に情報開示請求を行えば確認できる。**2009年の株券電子化の際に、移行手続きをしなかった株式(タンス株)についても、この方法で確認可能。

投資信託についても、まずは書類を探すが、オンラインで購入している場合はメールの履歴をたどり、金融機関を特定する。

株式や投資信託で注意が必要なのは、価値が大きく変わる可能性があること。遺産は原則として遺産分割時点で評価するので、**その後に値下がりしても下落分は考慮されない。**また相続税については、相続開始時の時価で評価されることが一般的。

暗号資産(仮想通貨)の相続と手続き

国内取り引きのものなら、相続手続き方法は銀行の預貯金や有価証券とほぼ同じ。被相続人が利用していた**「暗号資産取引所」を特定する必要がある。**メールの履歴などから業者を確かめ、運営会社に仮想通貨を相続したことを連絡する。

相続では、仮想通貨は日本円に換算して支払われるので、相続税も日本円で評価される。暗号資産交換業者が換算した金額ではなく、相続開始日の時価で評価する。

相続税ってどんなときに払うの？

相続税は、亡くなった人の財産を相続する場合に課される税金です。ただし、相続をする人すべてに課されるわけではありません。**亡くなった人が一定額以上の財産を所有していた場合に課される**ものです。

「一定額」というのは、**相続財産が、「3，000万円＋600万円×法定相続人の数」以上の場合**です。このボーダーラインのことを、「基礎控除」といいます。相続財産のうち、**基礎控除額を超えた部分について、相続税がかかる**というわけです。

財産が基礎控除を超えるかどうかは、相続税がかかる財産の「相続税評価額」によって決まります。遺産分割協議の対象でも、相続税がかからないものもあれば、遺産分割協議の対象ではないのに相続税がかかる財産もあります。

相続税の申告にはたくさんの書類が必要ですし、確実に計算することが大切です。明らかに相続税がかからない場合以外は、税理士などの専門家に相談するのがおすすめです。費用の相場は、遺産総額の0.5〜1%です。

相続税を払うのは誰か

では、相続税は誰が払うのでしょうか。「相続税を払う人＝法定相続人」とは限りません。預貯金や不動産などを相続していなくても、「相続や遺贈により財産を取得した人」は、相続税を支払わなければいけない可能性があります。

例えば、死亡保険金や死亡退職金などは、亡くなった人から引き継いだ財産というわけではありませんが、相続税の計算に含まれま

基礎控除額の算出方法は？

相続財産に相続税がかかるボーダーライン、基礎控除額は、以下の方法で算出します。この金額を超えた部分について、相続税がかかります。

3,000万円 ＋ **600万円** × **法定相続人の数** ＝ **基礎控除額**

例：相続人が子ども3人だった場合

3,000万円＋600万円×3＝4,800万円

これより遺産が少なければ、相続税はかからない

す。**こういった財産を「みなし相続財産」といいます。**「教育資金の一括贈与（45ページ参照）」の特例で受けた財産のうち、残っている額（管理残額）も、みなし相続財産となります。それ以外に、生前に贈与を受けて「相続時精算課税制度」（66ページ参照）を利用していた人も、納税義務者となります。

相続税はどんな財産に課税されるのか

相続した財産のうち、どのようなものに相続税がかかるのでしょうか？

国税庁のホームページによると、それは、**「金銭に見積もることができる経済的価値のあるすべてのもの」**。すなわち、現金や預貯金、株式や投資信託・国債などの有価証券、宝石、不動産、車、ゴルフ会員権、著作権などです。

「自分の実家にはとくに財産がないから、税金は発生しないだろう」と思っている人もいるかもしれませんが、次のようなものにも相続税はかかるので、注意が必要です。

- **死亡退職金や死亡保険金など、被相続人の死亡によって取得した財産（みなし相続財産）**
- **被相続人の亡くなる前7年以内に受け取っていた暦年贈与（44ページ参照）**

- 相続時精算課税制度を利用した生前贈与分（66ページ参照）
- 名義預金（子ども名義だけれど、実際に使っているのは被相続人だった場合）
- 被相続人の死亡する直前に引き出した現金
- 持ち家の土地が他人の物だった場合の、借地権

いっぽうで、次のようなものには課税されません。

- 墓地、墓石、仏壇、仏具、神棚
- 事故で亡くなった場合の、相手からの損害賠償金
- 申告期限までに、国や地方公共団体、公益法人などに寄付した財産

ちなみに生命保険金（死亡を原因として支払われたもの）や死亡退職金のうち、「**法定相続人の数×５００万円**」は非課税となります。また、勤務先からの弔慰金も「月額給与×６カ月分（業務中死亡の場合は36カ月分）が非課税となります。

相続税の計算の仕方

相続税は、課税対象の遺産から基礎控除額（168ページ参照）を除いた金額に対して課税されます。遺産の額が基礎控除額を超えない場合は、相続税を支払う必要はありません。遺産の額が大きいほど税負担は重くなり、また、相続人の数が多いほど税負担は軽くなります。

それぞれが負担する相続税の金額は、相続税の総額を計算した後、財産の取得割合に応じて振り分けます。自分で計算するのが難しい場合は、税理士などの専門家に依頼するのがおすすめです。

相続税率の早見表

法定相続分に応ずる取得金額	税率	控除額
1,000万円以下	10%	−
3,000万円以下	15%	50万円
5,000万円以下	20%	200万円
1億円以下	30%	700万円
2億円以下	40%	1,700万円
3億円以下	45%	2,700万円
6億円以下	50%	4,200万円
6億円超	55%	7,200万円

相続税はどのように計算するの？

相続税は以下の方法で算出し、さらに実際の相続割合に合わせて各相続人が按分することになります。

1 遺産の総額から基礎控除を差し引く

2 1の金額を、法定相続分で按分する

3 2の金額（それぞれの財産額） × 税率 − 控除額 ＝ 税額

税率と控除額は、右ページ下の早見表を参照してください。

4 それぞれの税額を合計する

5 4を実際の相続財産の割合に応じて按分する

条件例

財産5,000万円・相続人2名（子ども）のケース

基礎控除＝3,000万円＋600万円×2＝4,200万円

基礎控除控除後の金額＝800万円

	子どもA	子どもB
法定相続分	1／2	1／2
法定相続分による取得金額	400万円	400万円
税額（右の表より、税率10％となる）	40万円	40万円
合計税額	80万円	

これを、実際の相続割合に合わせて按分する

いつまでに、どうやって？
相続税の支払い方

相続税の申告には、様々な書類が必要になります。書類がそろわないと、遺産分割協議も行えず、手続きが進まないので、速やかに準備する必要があります。

書類は大きく分けて、**①相続人を確定するための書類と、②財務・債務を確定するための書類の2種類**です。②は、財産の種類によって異なります。そのほか税額軽減の特例を受ける場合には、そのための書類も必要になります（178ページ参照）。

納税は、金融機関に納付書を持っていき、**現金または口座振替で行うのが一般的**です。税務署でも納付ができます（現金）。納税額が1，000万円以下なら、クレジットカードでも支払えますが、限度額の範囲内でないといけませんし、金額に応じて決済手数料がかかります。30万円以下なら、ＱＲコードを作成してコンビニエンスストアでも納税できます。

相続税の支払い期限は？

相続税の申告・納付の期限は、「**相続開始日（亡くなったことを知った日）の翌日から10カ月以内**」です。「思ったより短い」と思う人も多いのではないでしょうか。

相続税の申告・納付の前には、相続放棄をする場合は相続放棄、所得税等の準確定申告（180ページ参照）・納付、財産調査や財産の評価、遺産分割協議などを行う必要があります。

しかも、相続税は「一括納付」が原則。預貯金があまりなく、不動産だけだった場合などは、すぐに資金が用意できない場合もあるでしょう。しかし、もし**期限を過ぎてしまった場合、罰則が発生します。**期限までに相続税の申告をしなかった場合は「無申告加算税」が、相続税を納めなかった場合は「延滞税」が課税されます。

申告期限内であれば、分割払いにする「延納」や、不動産や株式など金銭ではない財産で支払う「物納」を申請することができます。それぞれ、定められた条件を満たす必要があり、物納に関しては認められるケースはごくわずかです。

どうしても払えない場合は、金融機関から資金を借りるなどの方法を検討します。

相続のためにどんな書類が必要なの？

相続税の申告に必要な書類は、大きく分けて２種類。２の書類は、財産の種類によっても異なります。特例(P.178参照)を受ける場合には、さらに別の書類が必要になります。

1 相続人を確定するための書類

- **被相続人の出生から死亡まで連続した戸籍謄本**
- **被相続人の住民票の除票**
- **相続人全員の戸籍謄本**
- **相続人全員の住民票**
- **もしくは、法定相続情報一覧図**
  (これがあれば、上記4点の書類は不要)
- **相続人全員のマイナンバー確認書類**
- **相続人全員の身元確認書類**
  (マイナンバーカード・運転免許証・パスポート・医療保険の被保険者証など)
- **相続人全員の印鑑登録証明書**
  (遺産分割協議を行った場合)(※)

※原本を提出する。そのほかは原本の写しまたはデータでOK。

2 財務・債務を確定するための書類

不動産(土地・建物)関係

- 登記事項証明書
- 固定資産評価証明書(※)
- 名寄帳(固定資産課税台帳)
- 公図または地積測量図
- 住宅地図
- 賃貸借契約書
- 路線価図または倍率表

※固定資産税の納税通知書の課税明細書でも可

現金・預貯金関係

- 残高証明書
- 既経過利息計算書
- 通帳の写しまたは預金取引履歴
- 手元にある現金

有価証券関係

- 取引残高報告書
- 配当金支払通知書
- 決算書(非上場株式)

生命保険・死亡保険金関係

- 死亡保険金支払通知書
- 生命保険証書
- 解約返戻金がわかる資料
- 退職手当支払計算書

債務関係

- 借入残高証明書
- 金銭消費貸借契約書
- 未納の租税公課の領収書
- 未払い金の領収書

その他

- 葬式費用の領収書
- 過去の贈与税申告書・届出書
- 遺言書または
  遺産分割協議書の写し

税額軽減の規定

相続には、相続税を軽減する特例がいくつかあります。その中でも代表的なものは次の二つです。

①配偶者の税額の軽減(相続税の配偶者控除)

被相続人の配偶者には、**取得した財産の半分、または1億6,000万円のいずれか大きい方までは相続税がかかりません。**

ただし、この控除を使って大幅に相続税を節税した場合、二次相続(残された配偶者が死亡)の際に、子どもたちの税負担が大きくなることがあるので、注意が必要です。

②小規模宅地などの特例

相続財産に**一定の要件を満たす宅地などが含まれる場合は、評価額を減額**してもらえます。

- **特定居住用宅地等**…被相続人が自宅として使っていた宅地(330㎡以内、減額割合80%)
- **特定事業用宅地等**…被相続人が事業に使用していた土地(400㎡以内、減額割合80%)
- **貸付事業用宅地等**…賃貸アパートが建っている土地や駐車場業用に使われていた宅地

（200㎡以内、減額割合50％）

このほか、未成年の相続人に適用される「未成年者控除」や、障害のある相続人に適用される「障がい者控除」などもあります。

相続税の税務調査について

相続税を申告したのちに、税務調査が行われることがあります。税務調査は、申告と納税額との矛盾や、書類の不備が見受けられた場合に実施されます。

様々な税金の中でも相続税は調査の件数が多く、**申告数の2割ほどは調査が入る**といわれます。財産が多額の場合や、税理士に依頼せずに自分で申告した場合には、調査が行われる確率が高いです。

税務調査の多くは、**申告から1年〜1年半程度で行われます**。申告漏れを指摘されるのは、預貯金や保険などの金融商品が多く、実際に調査されると、ほとんどの場合が申告漏れを指摘され、延滞税とともに追徴課税を支払うことになっています。

準確定申告も忘れずに行おう

相続が発生した場合、**被相続人の生前の所得について、相続人が代理で確定申告を行う必要があります。**これを、「準確定申告」といいます。相続人が複数の場合は、全員が共同で手続きを行う必要があります。

準確定申告が必要なのは、主に以下のようなケースです。

- 自営業者だった場合
- アルバイトや正社員で2カ所以上から給与を得ていた場合
- 2,000万円以上の給与所得があった場合
- 400万円以上の年金受給があった場合
- 不動産を貸し出していた場合
- 生命保険の満期金や一時金を受け取った場合

●土地や建物を売却していた場合

そのほか、年末調整が行われていない場合や、医療費控除を適用できる可能性がある場合は、還付金が返ってくる可能性があるので、申告をしたほうがよいでしょう。

申告期限は、**相続開始から4カ月以内で、被相続人の住所の管轄税務署に申告**します。相続人の住所の税務署ではないので、間違えないようにしましょう。

準確定申告は、通常の確定申告とは計算方法や作成書類が異なります。相続人全員の氏名や住所などを記載した「付表」も必要です。

準確定申告によって還付が発生した場合は、相続分で按分した金額を受け取りますが、委任状を提出して、代表者がまとめて受け取ることも可能です。なお、還付金は相続税の課税対象ですので、相続財産に加算することを忘れないようにしましょう。

「いません」の手続き

父は生前言っていた
ウチの財産はココ(家)と貯金くらいなもんですから
ほう
じゃあ相続楽なのかなー
ぼんやりとしか考えていなかった
いざ父がいなくなると手続きはいっぺんにやってきて
手続きのための書類取り寄せ
色んな名義変更
保険・年金手続き
埋火葬許可証
納骨
葬儀
死亡届
ドカ
ドカ
ギャー
何が何やらよく分からないままにすすめて
次は何するんだっけ?
葬儀会社に
もらったやることリスト
数年たったらぜーんぶ忘れた
私何しましたか?
本人にはできない手続き、たくさんあったね

5章

スムーズに終わらせる!
「遺品整理」のコツ

後悔しない！　遺品整理

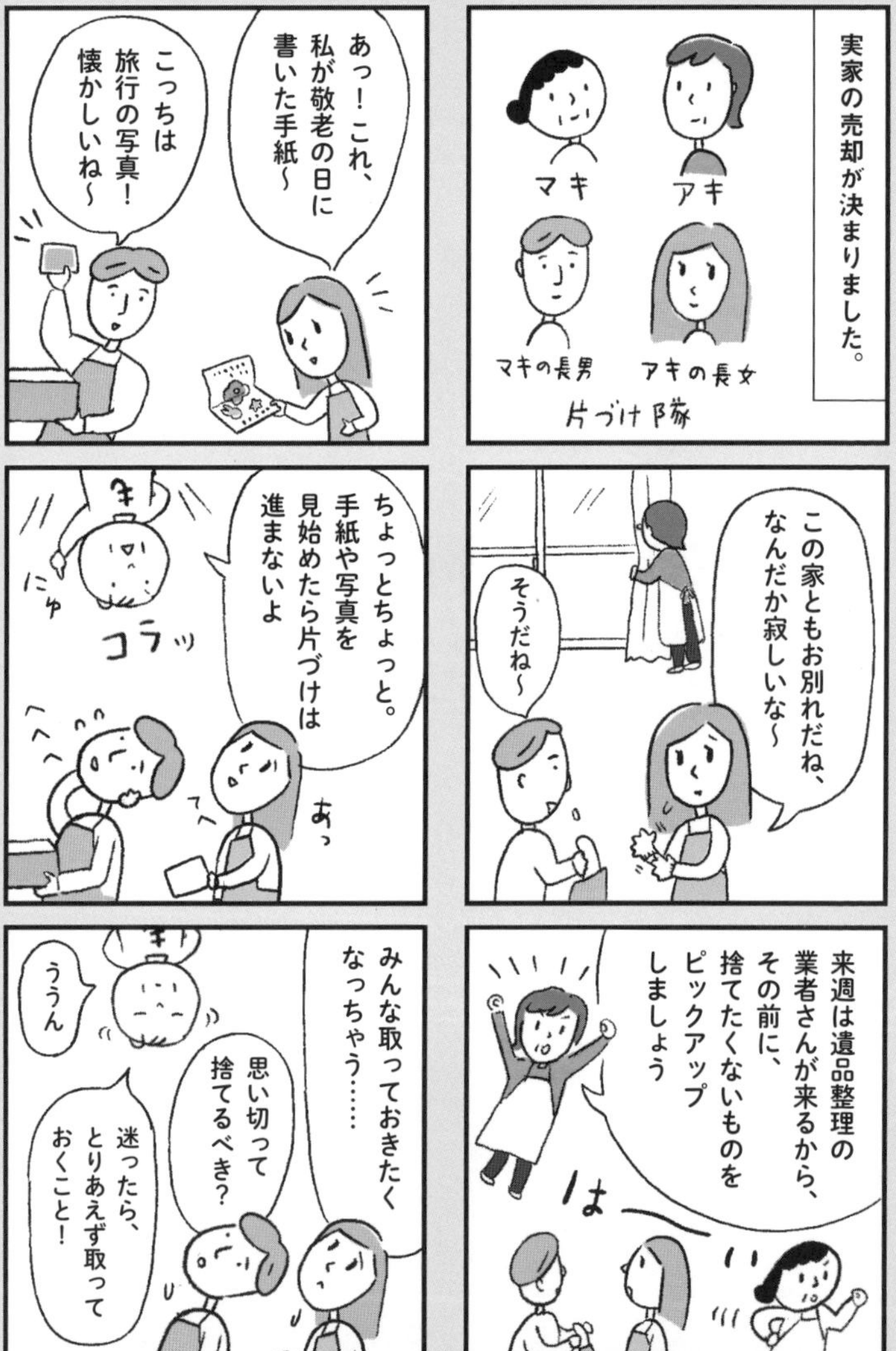

実家の売却が決まりました。
アキ
マキ
アキの長女
マキの長男
片づけ隊
この家ともお別れだね、なんだか寂しいな〜
そうだね〜
来週は遺品整理の業者さんが来るから、その前に、捨てたくないものをピックアップしましょう
はー
あっ！これ、私が敬老の日に書いた手紙〜
こっちは旅行の写真！懐かしいね〜
ちょっとちょっと。手紙や写真を見始めたら片づけは進まないよ
にゅ
コラッ
あっ
みんな取っておきたくなっちゃう……
思い切って捨てるべき？
うぅん
迷ったら、とりあえず取っておくこと！

ブ
業者さんが持って行ったものは二度と返ってこないから、後悔しないようにね
業者さんによっては、供養してから処分してくれるよ
供養証明書
供養の写真や証明書をあとでもらえるところもあるから、聞いてみたら？
じゃあ、手紙や写真はとりあえずこの箱に入れて持って帰ろうか
はーい
よいしょ
ふ〜
やっぱり大変ね
お母さんが集めていた人形、どうしよう？
お母さんは任せるって言ってたけど捨てにくいね
私、〝生前整理〟を始めるわ
決めた！
そうね。少しずつ始めよう！

家を売る前・貸す前には
片づけが必要

親が亡くなる前の片づけは、「生前整理」ですが、亡くなってからの片づけは「遺品整理」といいます。

親が賃貸に住んでいた場合は、**そのままにしておくと家賃が発生する**ので、できるだけ早めに家財を整理する必要があります。

持ち家なら急いで片づける必要はありませんが、売却する、もしくは賃貸に出すと決まった場合には、**やはり早めに遺品整理をしたほうがいいでしょう。**買い手や借主が決まるまで、家具などを置いたままにしている人もいますが、片づけたほうが内覧（物件の購入や賃貸契約の前に、内部を見学すること）の印象はよくなります。とくに賃貸に出す場合には、引き渡し前に室内のクリーニングが必要になるので、早めの片づけが求められます。

片づけに時間がかかる理由

一般的に**高齢になるほど、また広い家ほど物がたまりがち**なので、実家の片づけは大変です。家一軒分に大量に残された物を一つ一つ見て、「いる」「いらない」を決めていき、さらに自治体のルールに従って分別し、梱包し、正しい方法で処分しなければなりませんから、思った以上に時間と手間がかかります。

時間がかかる理由の一つは、持ち主の意向を聞けないので、捨てていいのかどうか迷うという点にもあります。それに**思い出の詰まった物ばかりなので、手に取っているうちに、懐かしくてつい手が止まる人も多い**ようです。とくに写真や手紙類、親が大事にしていた物などは、**簡単に「捨てる」という決断ができず、時間がかかってしまいがち**です。

ですから、全部自分でやろうとせずに、できる部分だけを片づけましょう。一部だけでも整理するとグリーフワーク（死別などの深い悲しみから立ち直るプロセス）になるかもしれません。その後、自分では難しい片づけや物の処分を、業者に依頼するのがおすすめです。

自分で遺品整理をする場合の注意点

自分たちで遺品整理をする場合には、いくつかの方法があります。

●形見分け

故人の愛用品など、思い出がある物については、近親者や縁のあった方で形見分けをするのも一つの方法。相続人全員の合意の下で譲り渡され、一般的には四十九日の法要が終わってから行うことが多いようです。ただし、**遺品は相続の対象なので、宝石や貴金属、美術品などをもらった場合は相続財産に加算されます**（１４４ページ参照）。

●リサイクルショップを活用

比較的新しい物、使えそうな物は買い取りをしてもらえるか聞いてみます。自分たちで運ぶのが大変なら、訪問買い取りをしてくれるところに依頼します。

●自治体のごみとして処分

自治体のルールに従って、燃えるごみ、燃えないごみ、リサイクルなどに分別し、所定の場所に運びます。ただし遠方に住んでいる場合は、燃えるごみの回収時間に間に合うように出すのが難しかったり、燃えないごみや粗大ごみの収集日にわざわざ来なくてはいけません。

●ごみ処分場に持ち込む

自治体ごとに、一般廃棄物を持ち込むことができる処分場があります。ただし、**産業廃棄物や、一定以上の大きさの物などは受け付けてもらえない**ので、詳しくは、自治体のホームページなどで確認しましょう。

ちなみに**分別がいちばん難しいのは、意外なことに台所の物**です。燃える、燃えない、リサイクルなどあらゆる種類の物が交じっているので、自信がないなら業者に任せるのが安心です。

たいていの場合は子どもも50代以上なので、体力的にも精神的にも負担が大きいものです。遺品整理で体調を崩す人も、珍しくありません。最初は「自分たちでやろう」と意気込んでいたけれど、結局は業者に頼むことにしたという人も多いようです。

遺品整理は**業者に頼む**のがスムーズ

「処分する物」と「取っておく物」を選別するのも難しいのですが、さらに難しいのは、「正しい方法で処分する」ということです。

燃えるごみ、プラスチックごみ、燃やせないごみ、資源ごみ、リサイクル家電、リサイクルショップにもっていく物などに、分別しなければいけません。それも、**自分が住んでいる自治体と違う場所であれば、分別ルールを調べる必要があります。**例えば3DKの家にある物をすべて正しく分別しようと思ったら、プロに頼めば数時間で済むことが、素人だと何カ月もかかる可能性があります。

「時は金なり」という言葉がありますが、片づけにかかった期間の労力や経費、無駄にした家賃などを考えれば、業者に頼んだほうが安かった、というケースもよくあるものです。自分たちだけでやろうと無理をせず、プロに頼ることも検討してみましょう。

業者がやってくれること

業者にもよりますが、一般的な遺品整理では、下のようなサービスを依頼することができます。

ちゃんとした業者であれば、不用な家財を法律や自治体のルールに従って分別し、処分（廃棄やリサイクル）してくれます。頼めば、仏壇など粗末にできない遺品の供養をしてくれるところもあります（202ページ参照）。

整理しているときに出てきた、**価値がありそうな家財をプロが査定して、その場で買い取り（査定額を料金から値引き）をしてくれるところもあり**、自分たちでリサイクルショップに持ち込む手間が省けます。

実際に作業をしてもらうときには、**2DKなら5人程度のスタッフで、3時間前後**かかるのが目安です。どこかにあるはずの貴重品や現金を探しながらやるときには、もっと時間がかかることもあります。

遺品整理業者に頼めるサービス内容

- 遺品の片づけ、整理
- 家財道具の買い取り
- 家財の移動、配送
- 家財、残置物の処分
- 消臭・簡易清掃

家財を運び出した後の簡単な清掃は含まれていることが多いですが、さらにオプションで水回りなどのハウスクリーニングを頼めるところもあります。

そのほか、貴重品の捜索（現金や書類、遺言書など）、汚れや臭いがひどい場合の「特殊清掃」、害虫駆除、パソコンの中の写真などデジタル遺産の整理、不動産手続きや廃車手続きの代行、解体工事などを行ってくれる業者もあります。

Column

体験談

遺品整理業者ではなく、買い取り業者と粗大ごみ収集業者に依頼

遺品のうち、手元に残したいものを家族で分けた後、買い取り業者を呼んで査定してもらいました。値段がつくものが少ないなか、10年以上使っていなかった母の電動のシニアカーが買い取り対象に。そのほかの物も合わせて3万6,000円でした。遺品整理業者には頼まず、自分たちでごみを仕分けして、最後は粗大ごみの収集業者に依頼。仏壇は、菩提寺の住職に来てもらって閉眼供養を行い、一緒に処分してもらいました。

（70代　Sさん）

業者に頼む場合の遺品整理の進め方

1 問い合わせ
電話やメールで問い合わせをし、見積もりを依頼する。少なくとも3社くらいに。

2 見積もり
実際に作業を行う部屋を確認してもらい、正確な見積もり金額を提示してもらう。その際、サービスの内容などについて確認する。

3 業者選び
見積もり金額やサービスの内容などを参考に、業者を選び、連絡をする。

4 打合せ
作業の日時や方法を打合せする。お願いしたいこと、気をつけてほしいことなどあれば、伝えておく。

5 準備
手元に残したい遺品や貴重品などを選別しておく。

6 作業
遺族の代表者が立ち合い、業者に仕分け作業をしてもらう。価値のある物は査定してもらい、買い取ってもらってもよい。

7 分別・梱包
廃棄する物、リサイクルする物などを分別・梱包して運び出してもらう。

8 簡単な清掃・精算
簡単な清掃を行ってもらい、遺族がすべての部屋を確認する。その後、精算する(振り込みなどの場合もあり)。

失敗しないための**業者選び**のポイント

「遺品整理」というワードで検索すると、たくさんの業者が出てきます。どんなところに頼んだらいいのか、迷いますよね。

遺品整理を依頼する業者には、主に次の3種類があります。

- **遺品を、依頼者の手元に残す物と不要な物に仕分けしたうえで、搬出までしてくれる業者**
- **仕分けのみを行い、搬出はほかの一般廃棄物収集運搬業許可事業者、または依頼者に任せる業者**
- **依頼者が仕分けした不用品を搬出するだけの業者**

・遺品整理の専門業者の中には、買い取りが得意な業者もあります。**すぐに1社に決めるのではなく、3社以上から見積もりをとってみること**をおすすめします。

その際には料金だけではなく、どんなことをしてくれるのか、サービスの内容をきちん

任せて安心な業者選びのポイント

- 問い合わせに対する返事が早い（人手が足りている）
- 一般廃棄物収集運搬の許可を持っている、もしくは許可を持っているところと提携している
- 現地訪問をして見積もりしてくれる
- 見積もり料金が適正（相場からかけはなれていない）
- 契約書を交わしてくれる
- 現場で、仕分けをしながら作業してくれる
- 作業の内容を明確に提示してくれる
- （買い取りを希望する場合）古物商許可の資格を取得している

と確認することが大切です。キャンセル料についても確認しておきましょう。

安心なのは、遺族の立ち会いのもと、現場で仕分けをしてくれる業者です。「いったんすべて持ち帰って仕分けをします」という業者は、避けたほうがいいでしょう。持ち出す家財道具を、「不用品」ではなく「遺品」として扱ってくれるようなところを選びたいものです。自治体によっては、廃棄物行政担当部署で、遺品整理サービス事業者を紹介してくれる場合もあります。

上のようなポイントに注意しながら選んでみてください。

業者に頼むといくらくらいかかる？

遺品整理を業者に頼む場合の金額の相場は、間取りや荷物の量、作業人数などにもよりますが、２ＤＫでだいたい20万円前後です。

処分費用が必要になる家電があれば、その分費用が上乗せされます（下の表参照）。中には適正な処分を行わない業者がいて、不法投棄などにつながっているケースもあります。

家電の処分を依頼した場合は、**必ず「家電リサイクル券」の控えをもらってください。**

家電リサイクル料金目安

家電の種類	家電リサイクル料金
エアコン	990円（税込）
液晶テレビ（小）	1,870円（税込）
液晶テレビ（大）	2,970円（税込）
冷蔵庫（小）	3,740円（税込）
冷蔵庫（大）	4,730円（税込）
洗濯機・衣類乾燥機	2,530円（税込）

※2024年6月現在の価格。運搬費、取り外し代などは別。
※料金はメーカーによって変動する。

一般的な遺品整理の専門業者の場合、貴重品や使える家電、家具などは、その場で査定して、その分を作業代から引いてもらえます。とくに追加の作業をお願いしない限り、**基本的には見積もりより高く請求されることはないはず**です。

当たり前のことですが、処分する物が多ければ多いほど、作業代は高くなります。業者が来る前にある程度整理しておければ、その分作業代を節約することができます。例えば新聞や衣類などのリサイクル資源は、無料で処分ができるので、それだけでも片づけておいてはどうでしょうか。**たんすの中を空にしておくだけでも、作業代はだいぶ変わります。**

自治体によっては、空き家の家財道具を処理をするときに補助金が出るところもあります。基本的に、自治体の「空き家バンク」に登録している住宅が対象で、補助の金額は一般的に、かかる費用の2分の1で限度額は10万~20万円です。「一般廃棄物収集運搬業の許可を受けている市内の事業者に依頼すること」などの条件もあります。**詳しくは「空き家家財道具処分補助事業」で検索**してみてください。

業者との**トラブル**を避けるためのポイント

業者に見積もりを依頼する際には、必ず現場に来て見てもらいましょう。ちゃんとした業者であれば、言わなくても来てくれるはずです。現場を見ないで見積もりするような業者に頼むと、「実際に積み込んでみたら、トラックに載りきらなかった」といったトラブルになったり、見積もりより多く請求されたりする可能性があります。

作業時は、よっぽどの理由がない限り、**必ず遺族の誰かが立ち会いをするようにしましょう。**遺品整理業者というのは、他人の家に入って、自由に引き出しを開けたりできるわけですから、非常にモラルを問われる仕事です。いわゆる「悪徳業者」というのも、存在しないわけではありません。持ち帰った廃棄物を「家庭ごみ」で廃棄したり、不法投棄をしたり。相場よりずっと高額な請求をされたり、遺品を勝手に処分されたり売却された、などの訴訟も起きています。

遺品は相続の対象でもあります。遺品の中からあっと驚くほどの大金が出てきた例も、いくつかあります。**トラブルを防ぐために、依頼するときには、見積もりだけでなく契約書も交わすべきです。**

契約書には、作業日程、作業内容や見積もり金額のほか、次のような事項について記載がしてあるか確認します。

- **個人情報の取扱いや守秘義務**
- **破損や事故などが起きた場合の補償**
- **高価値品を発見した場合の対応**
- **キャンセル規定(期限や金額)**
- **買取り・下取りについて**
- **免責事項(依頼人の過失による破損など)**

何か希望がある場合、作業の前に伝えておくことが大切です。例えば、「写真や手紙、日記帳が出てきたら、捨てないで」とか、「1万円以上になりそうな貴金属は必ず返してください」などです。「探してほしい物」があるなら、書き出して事前にスタッフに渡しておくと、より確実です。

事前に手元に保管しておきたい物

業者が来る前には、最低限下のような物は探し出して、保管しておきましょう。

一般的に、高齢者は現金を手元に置いておきたがるものなので、**亡くなった親が、現金を自宅に保管している可能性はあります。**現金を隠しておきそうな場所があるなら、業者が来る前に確認しておきます。そのほか、個人情報が心配な物や、「人に見られたくない物」は、事前に取り除いておければ安心です。

壁や床など、家に傷をつけられたときのために、**事前に家の中の写真を撮っておくのもおすすめ**です。例えば階段まわりなど、旋回するところは傷がつきやすいもの。マンションの場合は、エレベーターの中や入り口などの共用部分の写真も撮っておくと、万一のときに役立ちます。

よくあるのが、立ち会っていた遺族の、テーブルの上に置いていた手荷物や、玄関に置い

業者が来る前に保管しておきたい物

- 通帳、キャッシュカード
- 印鑑
- 有価証券
- 生命保険の証書
- 不動産の権利書
- 税金や公共料金などの領収書
- 現金

ていた靴を、間違って処分品と一緒に持っていかれてしまったというトラブル。**一度玄関から出て行った物を返してもらうことはほぼ不可能**です。業者によっては、一般廃棄物のゴミ収集車が玄関前に待機していて、その場で処理されてしまう場合もあります。それを防ぐためには、段ボールを一つもらって、「手荷物入れ　運ばないで」などと書いておくことです。

持ち帰りたい物が多い場合は、業者によっては宅配便を手配してくれるところもありますし、近所なら運んでくれる場合もあります。

気をつけたいのが、インターネットの契約です。モデムやルーターなどの機械がレンタルだった場合、処分してしまうと、あとで弁償を求められることもあります。そのほか、介護用品についてもリースの場合があります。**処分する前には、リースなのか買い取りなのかを確認**しておきましょう。

遺族が多忙だったり遠方に住んでいたりする場合は、立ち会いをせず、**鍵を預けて作業をしてもらうことも可能です**（業者により）。その場合は、委任状を交わしてきちんと打ち合わせをします。作業前後の写真を撮影して送ってもらったり、「作業完了報告書」を作成して送ってもらうなど、トラブルを防ぐための工夫をしましょう。

仏壇や人形……捨てにくい物はどうする？

遺品整理をする際に、処分に困るのが仏壇です。菩提寺（先祖代々のお墓がある寺）があるなら、閉眼供養をした後に引き取ってもらえるケースもあります（自分で持ち込む必要あり）。**閉眼供養は必ずしないといけないものではないので、それぞれの気持ち次第**です。

仏具店の多くは、処分や引き取りを行っています（有料）。閉眼供養をしてもらったうえで、粗大ごみとして処分することもできます。自分で解体ができるなら、燃えるごみとして処分することも可能です。また、仏壇を買い取る業者や、処分を専門とする業者もありますが、閉眼供養をしてくれるかどうかなどは、問い合わせが必要です。

もっとも簡単なのは、ほかの家財と一緒に遺品整理業者に処分してもらうことです。頼めば、供養（一般的には数カ月に1回の合同供養）もしてもらえます。**供養している写真と「ご供養証明書」を送ってもらえるようなところもあります。**

処理困難物の例（自治体によって異なる）

- 家電4品目（テレビ、エアコン、冷蔵庫・冷凍庫、洗濯機・衣類乾燥機）
- パソコン
- 消火器
- 二輪車（バイク、スクーター、原動機付き自転車）
- フロン・代替フロンを使用した家電（冷風機、除湿器、冷水機等）
- ガソリン、軽油、灯油、オイル（非食用）
- 塗料、シンナー
- 自動車、発電機、エンジン、バッテリー、除雪機、農業機械
- プロパンガスボンベ
- 塩化カルシウム（融雪剤など）
- 農薬、火薬、毒劇物
- ピアノ
- 石、砂、土
- 臼
- 大きすぎる物

故人が大切にしていた人形や、思い入れのある物も、遺品整理業者に頼んで供養してもらうことができます。

「処理困難物」に注意

注意が必要なのは、上のような、一般ごみでは処分できない「処理困難物」です。処理に特殊な方法が必要であったり、環境への悪影響や、健康へのリスクが伴う物については、集積所に出したり、ごみ処理施設に持ち込むことができません。

遺品整理業者なら適切に処理してくれますが、それ以外には、購入店に引き取ってもらう、特定の窓口に持ち込む、専門業者に処理を依頼するなどの方法があります。自治体の窓口に、相談してみましょう。

後悔しない遺品整理の進め方

一般的に実家の遺品整理で、処分するかどうか迷うことが多いのが、写真、手紙、美術品、貴金属、着物などです。思い出がある物はとくに、なかなか処分する決心がつかなかったり、手放すのがつらいときもあるでしょう。**そんなときは「迷ったら捨てない」のがおすすめです。**

実家が賃貸住宅で、早く退去しなければならない場合は別ですが、そうでなければ、ゆっくり時間をかけてやるのもいいと思います。**遺品の整理は、心の整理にもつながります。**

Column

体験談

捨てがたいアルバムはCD-ROMにしてくれるサービスを利用

実家の遺品は、自分たちでできるだけ整理した後、業者に依頼。実家近くの公民館の掲示板の広告を見て、2社から見積もりをとりました。どちらも同じくらいだったので、感じが良さそうな業者にお願いしました。処分に困ったのは、思い出の物です。たくさんあったアルバムは10冊にしぼり、そのままCD-ROMにしてくれるサービスを利用。母の手書きでのメッセージも、そのまま残すことができました。

（50代　Oさん）

また、整理を業者に頼む場合、作業の進め方は業者によって違います。いちいち確認しながらていねいに進めてくれるところもあれば、どんどん進めてしまうところもあります。「残したい物もあったのに、あっという間に運び出されてしまった」と、不満が残るケースもあるようです。

作業中はスタッフの人もテンションが上がっていて勢いがあるので、声をかけにくいこともあるかもしれませんが、後悔しないように、気になることがあるなら遠慮なく声をかけましょう。**作業する人たちとコミュニケーションをとりながら進められるのが、いい遺品整理**です。

遺品整理で手元に残した遺品

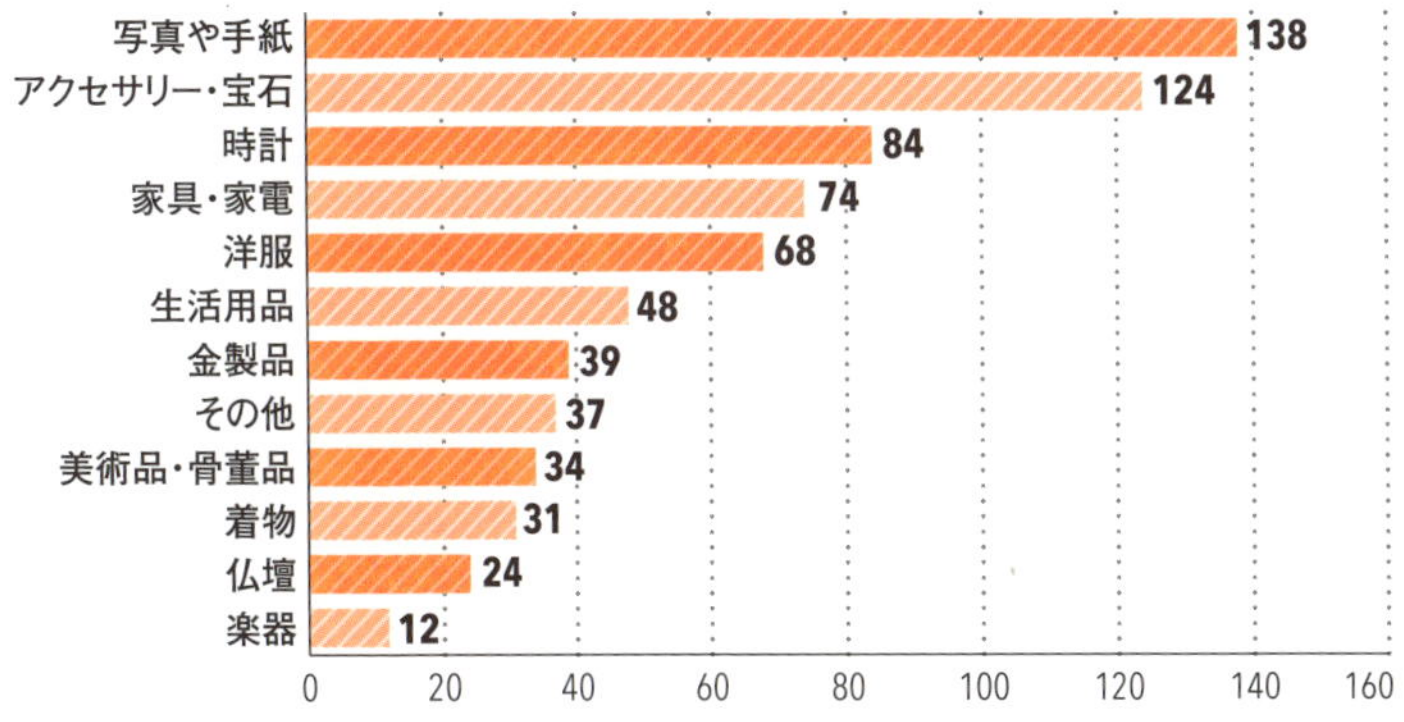

出典：終活瓦版（https://syukatsukawaraban.com）。300名による複数回答。林商会が2024年3月5日〜2024年3月19日に実施したインターネット調査による。

＼ちょっとブレイク／
あさと家の場合

善は急げだった

6章

「実家のお墓」、どうしたらいいですか？

墓じまいを考え始めたら……

※墓地のルールや親族間の決まりがある場合も。

そう。
お墓は
長男だけでなく、
次男でも
娘でも継げるんだよ。
親戚でもOK
へーえ
墓じまいするなら、
まずは遺骨の
引っ越し先を
決めないと
引っ越し先！
重要ね
そうだった
それに、お墓の土地は
借りているので、
更地にして
返すんだよ
そうか。墓石を
撤去しないと
いけないのね
あー
気軽に
考えてたけど
墓じまいって、
お金も手間も
かかりそう
何にせよ
墓じまいは
子孫のことを考えて。
家族や親戚にも
よく相談してからね
はーい
ありがとう
ばあばも
お前たちを
見守っているよ
スウ…

墓じまいとは何？ そもそもお墓はどうなっているの？

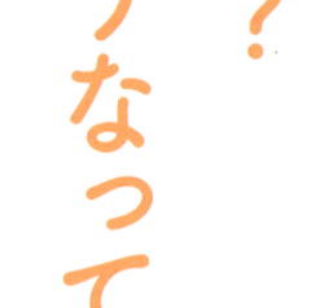

「実家じまい」と同様に、「墓じまい」という言葉もよく聞くようになりました。**「墓じまい」とは、今あるお墓の墓石を撤去して更地にし、土地を墓地管理者に返すこと、さらにその後、お墓を新しい場所に引っ越しすることまでを言います。**この本の中では、お墓を撤去して引っ越すことを「墓じまい」と呼びます。

お墓を引っ越すことを「改葬」とも言います。実際に引っ越すときには、お墓のある市区町村の役所に「改葬許可申請書」を提出します。また、厚生労働省から毎年発表される衛生行政報告例では、お墓を引っ越した件数を「改葬件数」と呼んでいます。

この改葬件数を見ると、2022年度は全国で15万1，076件。2021年度の11万8，975件より3万2，101件も増えています。お墓の引っ越しをする人は年々増えているのです（213ページ下表参照）。

多くの人が「墓じまい」をする理由には、次のようなものが考えられます。

●お墓が遠く、お墓参りに行くのが大変。
●お寺とのつき合いが負担。
●子どもにお墓の管理をさせたくない。
●継承者がいない。

お墓が自宅から遠く、お墓参りに時間もお金もかかる。お墓がお寺にあると、お布施などの金銭的負担が大きい。このように感じている人は、実は多いのです。ですから、「子ども世代にはお墓の管理を継承させるのは申し訳ない」と、自分たちの代で「墓じまい」を考えるようになります。また、独身、子どもがいない人も増え、そもそも継承者がいないという悩みもあります。

お墓の近くに住んでいたり、お寺とのつき合いが日常だったりした親世代とはライフスタイルが変わり、お墓の継承が難しくなりました。それぞれの事情でお墓から足が遠のいてしまうと、「無縁墓」になる可能性も(214ページ参照)。近年、空き家の放置と同様に、管理されずに放置された無縁墓の増加は社会問題になっています。

お墓ってどんな仕組み？　誰が継ぐの？

そもそも、お墓に関してよく知らない人が多いのではないでしょうか。墓石のある一般的なお墓に関して見てみると、まず、**墓石を建てる区画は墓地管理者から「永代使用権」を取得して借りています。このときに支払うのが、「永代使用料」です。**つまり、墓地管理者から借りている土地に、自分でお金を払って墓石を建てています。

永代使用権の永代とは、永久という意味ではなく、お墓の継承者がいる限りということ。もし継承者がいなければ、墓石を撤去して更地にし、墓地管理者に土地を返します。墓石の撤去費用は借りていた人が払い、永代使用料は返還されません。また、永代使用権は、他の人に転売することはできません。

お墓を建てるときにかかるお金は、永代使用料、墓石を建てるための費用、墓地の年間管理料になります。

「お墓は長男が継いだほうがいい」とか「結婚して苗字が変わった娘はお墓を継げない」などと言われますが、そんなことはありません。ほとんどの墓地では、現在のお墓の継承者からみて、六親等以内の血族、配偶者、三親等以内の姻族であれば、誰でも一緒のお墓に入ることが可能で、継承者にもなれるのです。

『サザエさん』を例にしてみると、波平さんが現在の継承者だとすると、娘のサザエさんはもちろん、配偶者のマスオさん、甥のノリスケさん、その子どものイクラちゃんも、同じお墓に入ることができます。ですから、かなりたくさんの継承者の候補がいることになります。

全国の改葬件数

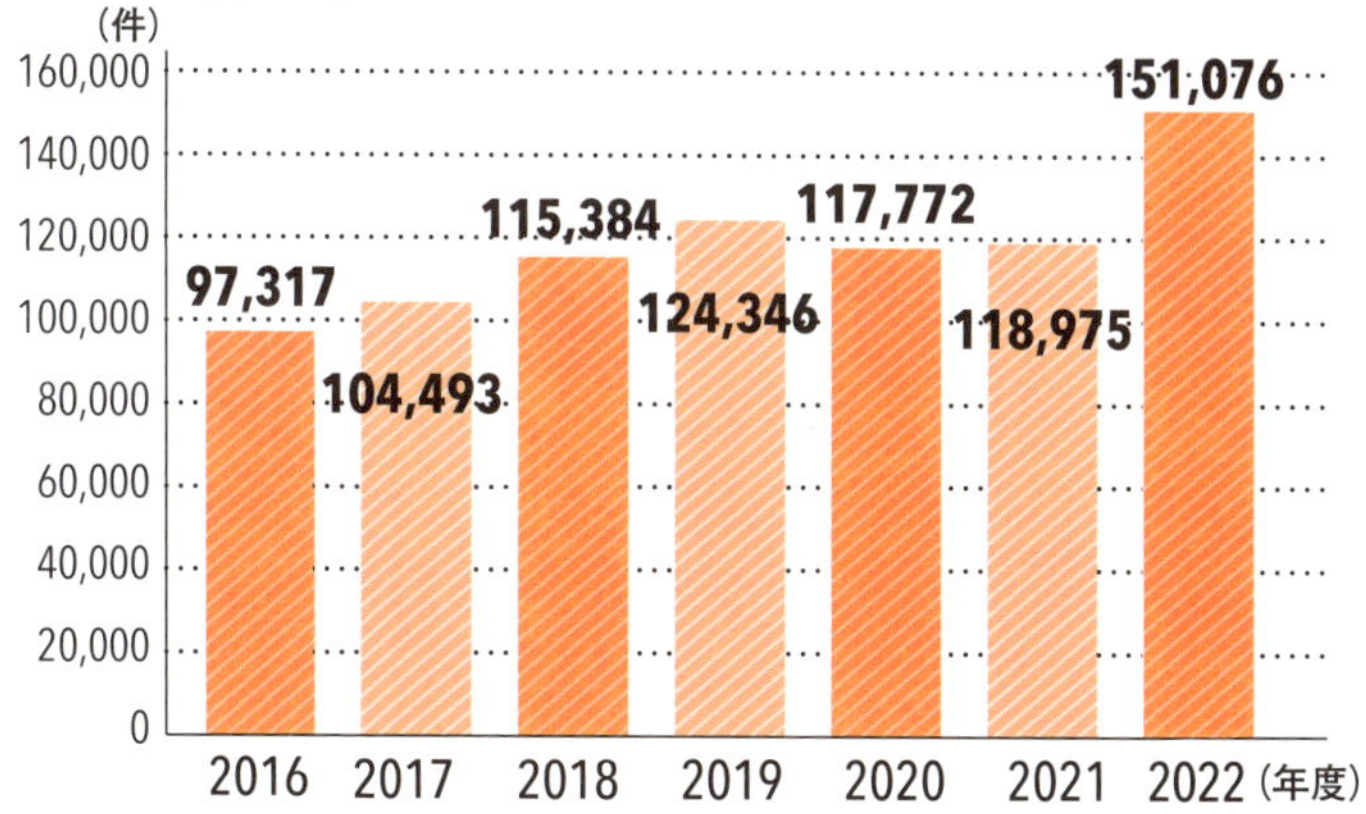

出典：厚生労働省「衛生行政報告例」(各年次)

お墓は放置すると**無縁墓**になる

継承者がいないまま長年放置されたお墓を、「無縁墓」と言います。**墓石が傾いたり、草木が生い茂ったりしている墓地を見かけることがありますが、年々その数は増えています。**

日本は、これから人口減少が進むので、お墓の継承者は減少していきます。また、1章で空き家が増えている理由の一つは、都市への人口集中だとお伝えしましたが、無縁墓が増えている理由にも当てはまります。地方のお墓の継承者がいなくなり、そのまま放置されてしまうのです。

2023年に発表された総務省の墓地行政に関する調査によると、全国の公営墓地の58・2％が、「無縁墓がある」と答えています。この数字は公営のものだけで、民営墓地、寺院墓地は含まれていないので、実際にはもっとたくさんの無縁墓が発生していると予想されます。

継承者がいないと、空き家と同様に、草木が生い茂ってお隣りの墓地にはみ出すことも。地震や台風などの災害が起きたとき、傷んだ墓石が倒壊する危険もあります。

無縁墓の明確な定義はないのですが、東京都の公営墓地では、5年間管理料を滞納しているお墓と規定しています。

一方で、年間の管理料を納めていれば、お墓参りに行かなくても無縁墓ではありません。ただ、遠くてなかなかお墓参りに行けないと、無縁墓に近い状態になる可能性も。お墓参りに行きやすい場所にお墓を引っ越すなどの対策が必要になります。**最終的に、管理者によって墓石が撤去されることもあります。**

「○○家の墓」の歴史は、意外と短い

今のように、「遺体を火葬して、○○家の墓に入る」というお墓のスタイルは、昔からの伝統だと思っている人が多いと思います。しかし日本では、土葬だった時期が長く、厚生労働省の衛生行政報告例によると、1970年でも20%ほどは土葬でした。その後、徐々に火葬が増え、現在はほぼ100%が火葬になりました。

また、現代のような墓石を建てるようになったのは江戸中期以降のようで、それも大半

は個人か夫婦のものでした。現在のように「○○家の墓」を建てるようになったのは、明治時代の終わり以降で、歴史はそれほど長くはないのです。

今のお墓は、明治時代以降の「家を守る」というライフスタイルを反映したものです。現在は、生まれた場所にずっと住む人が少なくなり、家を継承する意識も薄らいできました。結婚しない人、子どもを持たない人も増え、お墓を継承することが難しくなっています。

今までのようにお墓を維持できないと考えるようになったら、「墓じまい」のタイミングです。今の自分たちのライフスタイルに合った、亡くなった人との向き合い方を見つけていきましょう。

墓じまいをする前に、親族に相談して継承者を探す

「墓じまい」を考え始めたら、自分だけで悩まずに親族に相談しましょう。もし、**継承者が見つかれば、「墓じまい」はしなくてもいいのです。本当に「墓じまい」が必要かどうか、検討する機会にもなります。**

２１３ページで、現在の継承者から見て、六親等以内の血族、配偶者、三親等以内の姻族なら同じお墓に入れるし、継承者になれるとお伝えしました。継承者になれるのは長男だけでなく、次男や結婚した娘、従兄弟、姪や甥など、たくさんいます（ただし、墓地で独自のルールがある、親族間の決まりがある場合は、それに従います）。

なかなかお墓参りに行けない遠方のお墓を、近くに住む親戚が気にかけてくれていたら、まずはその親戚に相談しましょう。「先祖代々のお墓がなくなるなら、私が継承する」と言ってくれるかもしれません。

親戚の中には、「お墓がなくなったら、家が途絶える」と思っている人がいることも。何も相談しないで「墓じまい」をすると、その後、おつき合いがしにくくなります。

ところで、継承者はどのようなことをするのでしょうか。まずは、墓地の名義変更をして、年間管理料を払います。さらに、定期的に掃除をするなどの管理維持を担います。寺院墓地の場合、檀家になったり、法要を執り行うなど、お寺とのおつき合いも継承者の役割です。

年忌法要とは？

法要とは、亡くなった人の冥福を祈る仏教の行事の一つです。最近は、省略する場合もありますが、年単位で行う年忌法要について紹介します。

●一周忌（死後1年目）・三回忌（死後2年目）
遺族や親族、親しかった友達などが参列。僧侶に読経してもらい、みんなで会食などをする。

●七回忌（死後6年目）
規模を縮小し、遺族や親族で行われることが多い。

●十三回忌（死後12年目）・十七回忌（死後16年目）・二十三回忌（死後22年目）・二十七回忌（死後26年目）
さらに規模を縮小し、遺族だけで行われることが多い。

●三十三回忌（死後32年目）
遺族だけで行う。弔い上げとして法要を終わりにすることが多い。最近は、遺族の高齢化により、七回忌や十三回忌を弔い上げにする場合もある。

墓じまいの手順を把握する

「墓じまい」をすると決めたのであれば、どのような手順かを把握しましょう。

1 親族に相談する

２１７ページでも紹介しましたが、まず一番初めにするのは親族への相談です。お墓の近くに住む親戚が「私が継承するよ」と言ってくれたら、墓じまいをする必要はなくなります。

2 遺骨の引っ越し先を決める

今のお墓からなぜ引っ越すか、理由を明確にし、遺骨の引っ越し先を決めます。「遠くてお墓参りができない」という理由なら自宅近くがいいですし、「お寺との付き合いが負担」なら公営墓地を選ぶなど、今の状況を改善できるところにします。

引っ越し先を決めたら、「受入証明書」を発行してもらいます。4の「引っ越しの手続きをする」際、提出が求められる可能性があります。

3　今の墓地の管理者に引っ越しを伝える

今のお墓が、お寺が管理・運営している寺院墓地で檀家になっている場合、2の「遺骨の引っ越し先を決める」のと同時に、事情を説明して相談しましょう。特に、先祖代々長くお世話になっているのなら、急に「お墓を引っ越したい」と言うと驚かれることもあります。中には、檀家を離れるときに「離檀料」を請求されたり、なかなか引っ越しさせてくれないなどトラブルになることも。これまでお墓を供養してくれたことに感謝し、そして墓じまいの理由を真摯に伝え、お寺側に納得してもらいましょう。

公営墓地や民営墓地はトラブルになることは少ないのですが、早めに伝えて手続きの仕方を確認しておきます。

4 引っ越しの手続きをする

今のお墓のある市区町村の役所で「改葬許可申請書」を、今のお墓の墓地管理者から「埋蔵証明書」をもらいます。「改葬許可申請書」と「埋蔵証明書」が一体になっているものも多く、その場合は「改葬許可申請書」の所定の欄に、今のお墓の管理者に署名、捺印をお願いしましょう。その後、**役所に「改葬許可申請書」、「埋蔵証明書」、引っ越し先の「受入証明書」を提出し、「改葬許可書」を発行してもらいます。**

なお、「改葬許可申請書」は役所のホームページからダウンロードできます。必要な書類は、市区町村によって変わる場合もあるので、必ず確認をしてください。

5 遺骨を取り出して、更地にする

今の墓地管理者に「改葬許可書」を提示し、遺骨を取り出し、墓石を撤去して更地にします。遺骨取り出しから更地にするのは、石材店に頼むのが一般的です。墓石を建ててもらった石材店に連絡したり、墓地管理者に相談したりするのがいいでしょう。

遺骨を取り出すときに、「閉眼供養」「魂抜き」と呼ばれる儀式をすることがあります

が、宗教的な儀式ですので、それぞれの気持ちや考えに従います。ただ、お寺の墓地の場合、慣習として行うことが多いようです。費用には明確な基準はないので、もし行う場合は、お寺とよく話し合いましょう。

6 遺骨を運ぶ

お墓から遺骨を取り出したら、引っ越し先に運搬します。一般的には、自分で車などで運ぶことが多いようです。電車やバス、飛行機などの公共交通機関を使う場合は、他の乗客に配慮し、骨壺を風呂敷で包む、専用バッグを利用するなど工夫します。飛行機の場合は荷物チェックがあるので、事前に各社に問い合わせたほうがいいでしょう。

自分で運べない場合は、郵便局のゆうパックを利用できます。ただ、紛失したときの損害賠償の対象外（価値がつけられないから）なので、心配な場合は自分で運びましょう。

すぐに納骨できないときは、自宅に安置します。家の中なら、どこに置いてもいいので、仏壇がなくても大丈夫です。ご先祖を供養するために静かな場所に、逆に家族と賑やかに過ごすためにリビングになど、自由に決めます。

7 納骨する

新しいお墓に「改葬許可書」を提出し、納骨をします。このとき、墓地管理者によっては、「開眼供養」「魂入れ」と呼ばれる儀式をすることがあります。遺骨を取り出したときと同様ですが、必ずするものではありません。それぞれの気持ちや考えに従って決めてください。

お世話になったお寺とのやり取りは丁寧に

墓じまいをするとき、最も気を使うのが、今のお墓の管理者がお寺だった場合です。お寺としては檀家が減ることになり、法要のお布施や墓地の管理料が入らなくなり、経営に影響が出ます。ですから、引き止められることがあるかもしれません。

長年お世話になったお寺に感謝を伝えるものとして、「離檀料」や「開眼供養代」をお支払いするのも一つの方法です（250ページ参照）。まずは、スケジュールに余裕を持って、お寺と丁寧にやり取りをするように心がけます。

引っ越し先を決める前に墓じまいの理由を明確にする

「墓じまい」で最も大切なのは、引っ越し先をどこにするかです。**「このままでは、お墓を維持するのが難しい」と思って決断したので、その理由をしっかり確認し、改善できるような引っ越し先を探します。**

引っ越し先を決めるときに、考えるポイントは次の四つです。左ページに「お墓の引っ越し先を考えるためのチェックメモ」を作りましたので、参考にしてみてください。

- 自宅からの距離
- 費用がいくらかかるか
- 継承者がいるかどうか
- 墓地とのおつき合い

お墓の引っ越し先を考えるための チェックメモ

実際に書き出してみると、引っ越し先の条件が見えてくるもの。
以下の項目を参考に、必要な項目を追加しましょう。

チェックする項目	考えるポイント
●自宅からの距離はどのくらい？ memo	お墓の引っ越しをする理由の多くは、自宅から遠く、お墓参りに行けないから。自宅から車で30分以内、電車で行けて駅からも近いなど、具体的に考える
●費用はいくらぐらい？ memo	永代使用料を払い墓石を購入して建てる従来のお墓よりも、永代供養墓、樹木葬などほかのタイプのお墓はリーズナブル。また、民間墓地・寺院墓地に比べて、公営墓地のほうが費用はかからない
●継承者は誰？ memo	子どもがいても、そもそも継がせたくない、また、海外に移住を考えているなど、継承者にならないケースも。子どもがいなくても、親戚が継承者になってくれる場合もある
●おつき合いはどうする？ memo	お寺の墓地とのおつき合いが負担な場合は、おつき合いが不要な公営墓地や民営墓地を選んでも。最近は、檀家にならなくてもいいお寺もあるので、選ぶときによく確認を

お墓の機能は二つある

ところで、お墓はなぜあるのでしょうか。お墓の機能は、**「遺骨を安置する場所」「残された人が故人と向き合う場所」**の二つです。

二つの機能を果たすには、どんなお墓がいいでしょうか。日本は土葬の時代が長かったとお伝えしましたが、お墓参りの習慣はそれほど一般的ではなかったそうです。家の仏間や鴨居に飾られた遺影に、残された人が、毎日「おはようございます」などと挨拶をしていたりしました。故人の偲び方として、お墓参りだけが重要なわけではないのです。

正解はないので、残された人それぞれで考えます。最近、散骨が注目されていますが、遺骨がなくなっても故人と向き合えないということはありません。

先祖代々のお墓に遺骨を埋蔵して守っていきたい、継承の心配がない合葬墓にしたい、納骨はしないで自宅に安置したい……。自分にとってお墓とは何か、今後どうしたいのかを考えてみると、お墓の引っ越し先も決まるのではないでしょうか。

遺骨の引っ越し先はどのようなところにする?

遺骨の引っ越し先を具体的に考えてみましょう。まずは、お墓にはどんな種類があるのか、整理してみました。さらに、お墓を持たない引っ越し先も紹介します。

1 主なお墓5種類

●従来型のお墓

引っ越し前と同じような、墓石のあるお墓です。最近は、墓石のデザイン、墓石に刻む文字などの種類が豊富になってきました。

●合葬墓(共同墓・合同墓ともいわれる)

血縁を超えて、利用者みんなで同じ場所に遺骨を埋蔵し、継承を前提としないのが特徴です。従来型のお墓に比べて、費用を抑えることができます。最初からみんなで一緒に納骨するケースと、最初は個人や夫婦など個別で納骨し、一定期間が過ぎたらみんなで一緒になるケースがあります。

●永代供養墓

お寺が管理している合葬墓です。宗派は関係なく入れることが多く、納骨後はそのお寺の宗派で読経されます。

●納骨堂

屋内の施設なので、天候に左右されずに、お墓参りしやすいことから人気が出てきました。ロッカー式、仏壇式、自動搬送式など色々なタイプがあります。

●樹木葬

墓石の代わりに木を植えたお墓です。お墓の特徴は、合葬墓と同様です。墓石がなく、樹木や花に囲まれた自然豊かな雰囲気が人気を集めています。

2　お墓が必要のないもの

●散骨する

海や山に遺骨をまくので、お墓は必要ありません。最近は、故人の生前の希望により行われるケースも増えています。海洋散骨、山散骨、空中散骨、宇宙散骨などがあります。

●**自宅で安置する**

遺骨をお墓に埋蔵せずに、自宅に安置することもできます。法律としても問題はないので、故人とずっと一緒にいたいと考える人に選ばれています。また、遺骨の大部分は合葬墓などのお墓に埋蔵し、少しだけ残して自宅に安置する方法もあります。

墓地には三つのタイプがある

墓地をどこにするのかも、引っ越し先を決めるポイントになります。墓地には、管理・運営をしている母体によって3タイプあります。

一つ目は、**都道府県や市区町村が管理・運営する公営墓地**です。費用が抑えられ、宗派を問わずに申し込みができるのが特徴です。二つ目は、**宗教法人や公益法人が管理・運営する民間墓地**。墓地は公共性が高いことから、営利企業ではない団体が担っています。お墓のデザインが豊富で自由度が高く、サービスが充実しています。三つ目は、**お寺が管理・運営す**

る寺院墓地です。手厚く供養してもらえ、お墓参りと法要が一緒にできるという安心感がありますｰ。最近は、宗派は問わない、檀家にならなくてもいいというような寺院墓地も増えました。２３１ページの表に、メリットだけでなく、デメリットもまとめたので参考にしてください。

元気なうちはお墓参りをしたいと考えているなら、三つの墓地で共通して確認したいのが、立地です。最近増えている郊外の大型墓地と都心のコンパクトな墓地を例にして、考えてみましょう。郊外の大型墓地は広々して開放感がありますが、車がないときは墓地までの交通機関を調べる必要があります。最寄駅から無料送迎バスを運行している墓地もあるので、確認してみましょう。一方、都心のコンパクトな墓地は開放感はありませんが、お墓参りをするには便利です。また、どちらの場合も墓地の中がバリアフリーになっているのか、お花やお線香を買える売店があるのかなど、必要なサービスがあれば、チェックしておきます。

先に紹介したお墓の種類を選んでから墓地を決めてもいいですし、逆に、墓地を決めてからお墓の種類を決めても。納得のいく引っ越し先を見つけられるといいですね。

墓地のタイプ別メリット・デメリット

	メリット	デメリット
公営墓地	・宗派は問わない ・費用を低く抑えることができる ・都道府県・市区町村が管理・運営しているから安心感がある	・自治体の在住者など申し込むときに条件がある ・お墓のデザイン、お墓参りの仕方などにルールがある ・応募者は抽選になり、競争率が高く、なかなか当選しないことが多い
民営墓地	・宗派は問わないところが多い ・お墓のデザインのバリエーションが豊富で、個性が出しやすい ・サービスが充実していることが多い	・選ぶお墓によって、費用がかかる ・運営会社が倒産する可能性がある
寺院墓地	・手厚く供養してもらえる安心感がある ・法要とお墓参りが同時にできる ・最近は宗派を問わない、檀家にならなくていい墓地も増えている	・一般的には、お寺の宗派に限られる ・檀家になり、お寺とのおつき合いが必要になることも

合葬墓・永代供養墓のメリット・デメリット

ここからは、引っ越し先として人気があるお墓について、さらに詳しく見ていきましょう。まずは、「合葬墓」「永代供養墓」について、説明をします。**どちらも血縁を超えて入ることができ、継承を前提としないお墓です。「永代供養墓」はお寺が管理しているもので、その宗派のお経をあげて供養してくれます。お経が不要と考えるなら、公営墓地や民間墓地の「合葬墓」がいいでしょう。**

継承者がいない、もしくは子どもにお墓の管理をさせたくないと考える場合には、適したお墓だと言えます。しかし、「〇〇家のお墓」に慣れていた人にとっては、他の人と一緒に納骨されることに、違和感を覚えることもあるでしょう。そのときは、最初は個人や夫婦など個別に納骨し、何年か経ってから合葬墓に移動するプランを用意している墓地もあります。合葬墓について、わかりやすいようにメリットとデメリットに分けて紹介します。

合葬墓のメリット

●継承者がいなくても心配がない

遺骨は、一度納骨すると管理者がずっと管理してくれるので、継承者がいない場合に向いています。

●費用を安く抑えることができる

一般的にお墓を建てる場合は、永代使用料、墓石、年間管理料などの費用がかかりますが、合葬墓の場合は、納骨するときに払う使用料だけなので安くすみます（個別に埋蔵したい場合など追加の費用がかかることもある）。一般的には、年間管理料はかかりません。

●管理の手間が省ける

墓地の管理者が管理をしてくれるので、個別に掃除やメンテナンスをする必要はありません。

●**お墓参りはできる**

納骨場所の前までは行けませんが、その場所に建てられたモニュメントの前などでお参りすることができます。ただ、みんなで一緒なので、お花は供えられない、お線香はあげられないなど、ルールがある墓地もあります。

合葬墓のデメリット

●**他の人と一緒に埋蔵される**

血縁に関係なく埋蔵されるということに、違和感を覚えるかもしれません。親族の中には納得できない人が出てくる可能性もあるので、合葬墓に決める前に、よく話し合っておきましょう。一方で、「みんなと一緒だから寂しくない」と考える人もいます。

●**遺骨は取り戻すことができない**

納骨すると、**他の人の遺骨と一緒になるので、途中で取り戻すことはできません。**一定期間個別で埋葬するタイプを選んだ場合、その期間なら取り戻すことができる可能性も。事前に、しっかり確認をしましょう。

永代供養墓のメリットは？

「永代供養墓」の場合、合葬墓のメリット・デメリットとほぼ同じですが、管理・運営はお寺です。それぞれのお寺ごとに特徴があるのできちんと確認するのがいいでしょう。

最初から多くの人と一緒に納骨するスタイルと、一定の期間、個別に、その後合葬墓に埋蔵するスタイルがあります。個別の場合は、まずは、個人や夫婦のお墓に十三回忌、三十三回忌までと期限を決めて納骨され、その後でみんなと一緒に合葬墓に移動します。

一番のメリットは、お寺が永代（お寺が続く限り）に渡り、供養してくれることです。

Column

体験談

親子の遺骨をまとめて骨壺に入れて、永代供養墓に納骨

2人姉妹で、どちらも実家のお墓に入る予定はなく、父を介護しているときから墓じまいを考えていました。父の死後、公営墓地のお墓から、寺院墓地の永代供養墓にお引っ越し。骨壺一つに対して管理料が年1万円でした。骨壺が四つあったので、30年供養をお願いすると120万円に。住職さんから「親子で一緒に一つの骨壺に入れてもいいですよ。その場合は30万ですみます」と。30年後には合葬墓に移動します。

（50代　Rさん）

費用は、永代供養代を最初に払い、年間管理料はかからないのが一般的です。また、檀家にならなくてもいいというお寺も多く、その点でも気がラクです。

元々お墓があったお寺の墓地に永代供養墓があるなら、そこに引っ越しするのも手。おつき合いのあるお寺なので、安心です。「墓じまい」でお寺ともめなくてもすみますし、継承者がいないなどの悩みも解決できます。

納骨堂は屋内で、お墓参りしやすいことが特徴

お墓というと屋外をイメージしますが、建物の中に納骨するスペースがあるのが、納骨堂です。元々は、お墓を建てるまでの一時的な施設でしたが、次第に通常のお墓として利用されるようになりました。

運営・管理は、公営、民営、寺院によるものがあり、それぞれに違いがあります。公営の納骨堂は、郊外の大きな建物にたくさんの遺骨が収められることが多いです。民営のものは、駅に近い便利なビルの中などにあったりもします。

通常は、納骨堂に一定の期間遺骨を納め、その期間を過ぎれば合葬墓に移動します。期間は10年、30年など、施設によって設定されています。永代供養をしてもらいたい場合は、お寺の納骨堂を選びましょう。費用は、最初にまとめて払ったり、年間管理料を払ったりと、

こちらも様々なので確認が必要です。また、多くは継承を前提としないものですが、継承できるものもあります。

納骨堂には、ロッカー式、棚式、仏壇式、墓石式など種類が色々あります。中には、遺族がお墓参りに来たとき、骨壺を機械で搬送する自動搬送式の納骨堂もあります。それぞれ個人、家族、夫婦などの単位でも納骨できます。

納骨堂のメリット・デメリット

メリットは、駅に近いなど便利な場所にあることが多いので、お墓参りがラクなことです。また、天候に左右されにくい屋内なので、

納骨堂の主な種類

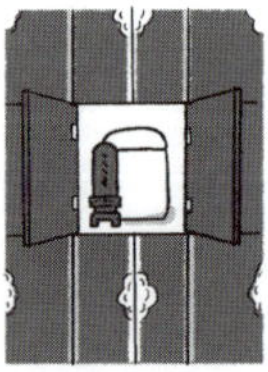

ロッカー式

コインロッカーのように、扉つきの棚が並んでいる。中に骨壺、位牌などを納める。

仏壇式

仏壇のような形状をしている。2段に分かれて上段に位牌、下段に骨壺を入れるタイプが多い。

自動搬送式

通常は、遺骨は保管スペースに格納し、お墓参りのときに機械で自動搬送される。

季節を問わずにいつでもお墓参りできます。掃除やメンテナンスは納骨堂の管理者がしてくれるので、自分でする必要はありません。

デメリットは、個別にお線香があげられない、生花は供えられないなど、それぞれの納骨堂でルールがあることです。屋外の墓地に比べて狭いので、お墓参りシーズンには、混み合う可能性もあります。

また、費用は墓石を建てるお墓よりも低く抑えられることが多いですが、立地がよかったり、つくりが豪華になったりする場合は高額になることもあります。

Column

体験談

最寄り駅近くの納骨堂に義両親のお墓をお引っ越し。将来はみんなで合葬墓に

義両親のお墓は車がないと行けない場所だったので、最寄り駅近くのお寺の納骨堂に引っ越しました。最初に永代供養代を払い、その後は年間使用料を払っています。夫も亡くなって納骨しましたが、屋内なので天気を気にせずに、お墓参りができてラクです。私が亡くなってから数年後に、みんなで一緒に合葬墓に移動する予定。継承者がいないので「墓じまい」ができて、ホッとしました。

（70代　Yさん）

樹木葬とはどのようなもの？

樹木葬とは、**墓石の代わりに樹木をシンボルにしているお墓です。**墓石がなく、自然豊かな場所で眠れると、近年、人気を集めています。ただし、山や原っぱに遺骨を勝手に埋蔵することは法律で禁じられているので、樹木葬専用の墓地に納骨することになります。

樹木葬を始めたのは、岩手県にあるお寺で、人の手が入らなくなった里山を墓地として整備し、樹木葬墓地にしたそうです。遺骨は骨壺に入れずに直接土に埋蔵し、自然に還っていくようになっています。

ただ、樹木葬は歴史が浅く、明確な定義はありません。里山を墓地にしているものもあれば、都会の小さなお寺の墓地でも樹木葬とうたっているところもあります。また、通常のお墓と同様に、骨壺を利用して埋蔵するところも。樹木葬を選ぶときは、内容をよく確認することをおすすめします。

シンボルが樹木なことがメリットであり、デメリットにも

多くの樹木葬は、合葬墓や永代供養墓と同じようなスタイルになります。墓石の代わりに樹木が植えられ、その周りに他の人と一緒に遺骨が埋蔵されます。最初は個人、夫婦、家族で納骨し、一定の期間が過ぎたら他の人と一緒に合葬するものもあります。

樹木葬のメリットとデメリットは、２３３ページの合葬墓と同様です。後継者がいなくても心配がなく、費用を安く抑えることができ、管理の手間が省けます。デメリットは、他の人と一緒に納骨されるので、一度納骨すると取り戻すことはできません。

樹木葬ならではの、メリットでありデメリットとしては、墓石ではなく樹木だということ。**墓石がないから、自然に近いほっとできる墓地になっていますが、一方で、樹木が枯れてしまう、天災で倒れてしまうなどの心配もあります。**

また、春夏は樹木が生い茂っているけれど、秋冬は寂しい感じになってしまう場合も。季節を変えて見学に行ったり、墓地管理者に確認したりしましょう。

それから、山を墓地にしているものや広々した公園のような墓地は、自然を感じられて

いいのですが、車を使わないと墓地に行けない、墓地の中でかなり歩くなど、お墓参りが大変な場合もあります。

新しい墓地のスタイルなので、親族に理解されないこともあるかもしれません。自分でもよく検討をし、親族にも丁寧に説明をするのがいいでしょう。

最近、注目が集まっているのは、公営墓地での樹木葬です。郊外の広い場所に、たくさんの遺骨を埋蔵できるタイプが、各地で新設されています。例えば、東京都の小平霊園では、樹林型・樹木型合葬埋蔵施設と呼ばれる二つの施設があります。樹林型は、樹木の周辺にたくさんの方の遺骨と一緒に合葬されます。遺骨を納骨袋に入れて、直接土に触れるような方法で納骨します。一方、樹木型は合葬ではなく、納骨袋に入れた遺骨を樹木の周辺に、個別に埋蔵されます。住んでいる自治体にも樹木葬ができる墓地があるかもしれないので、ホームページなどで確認してみてください。

永代供養を希望するなら、お寺の樹木葬の墓地を選ぶのもいいでしょう。民営墓地でも工夫を凝らした樹木葬の墓地があるので、色々なところを比較するのがおすすめです。

樹木葬のチェックシート

**樹木葬を選ぶときに
チェックしたほうがいいポイントをまとめました**

■お墓参りの方法

車でしかお墓に行けない、墓地内の移動に時間がかかる、お線香はあげられないなど、お墓参りの仕方も事前にチェック。

■納骨の方法

直接、遺骨を土に埋蔵するタイプもあれば、骨壺に入れて納骨するタイプもある。納骨方法を確認する。

■費用

新しい墓地なので、色々なスタイルがある。自由に選べる反面、費用もまちまち。年間管理料がいる、いらないなど、しっかりチェックを。

■樹木が寂しくなる季節

葉が枯れる秋冬の風景も確認しておくと安心。

■周囲の反応

昔ながらのお墓にこだわりがある親族には反対される可能性も。焦らずに説得しよう。

散骨を選ぶときに、気をつけることは?

樹木葬と同様に、最近人気が出てきたのは「散骨」です。「散骨」は継承者が必要なく、新しいお墓もいりません。さらに、「母が希望していた」「父は海が大好きだったから海洋散骨で」など故人のことを考えて、お墓の引っ越し先を「散骨」にする場合もあります。

日本には散骨に関する法律はなく、定義は明確ではありません。**厚生労働省から「散骨に関するガイドライン」が公表され、その中には、「遺骨を粉状に砕いてから、陸地、水面に散布、又は投下すること」と記されています。**散骨を行う場所は、陸上の場合は河川、湖を除き、あらかじめ特定された区域、海洋の場合は海岸から一定の距離以上離れた海域。周辺の住民、土地所有者、漁業関係者など関係者への配慮、そして、ビニールやプラスチックを原材料とするものを投下しないなど、自然環境への配慮なども明記されています。

厚生労働省のガイドラインに沿っていれば、個人で散骨をするのも可能です。ただ、市区

町村によっては条例で禁止している場合もあり、場所探しなどが難しいので、専門の業者に依頼するのが安心です。海洋散骨、山散骨が知られていますが、空中散骨、宇宙散骨など色々な方法があります。

忘れてはいけないのは、遺骨は戻ってこないということ。また、散骨した場所にお参りをすることは自由ですが、遺骨は残っていません。ですから、遺骨の一部を手元に置いておいてもいいでしょう（246ページ参照）。

いずれにしても、じっくり考えて、選択をしてください。

海洋散骨施行件数

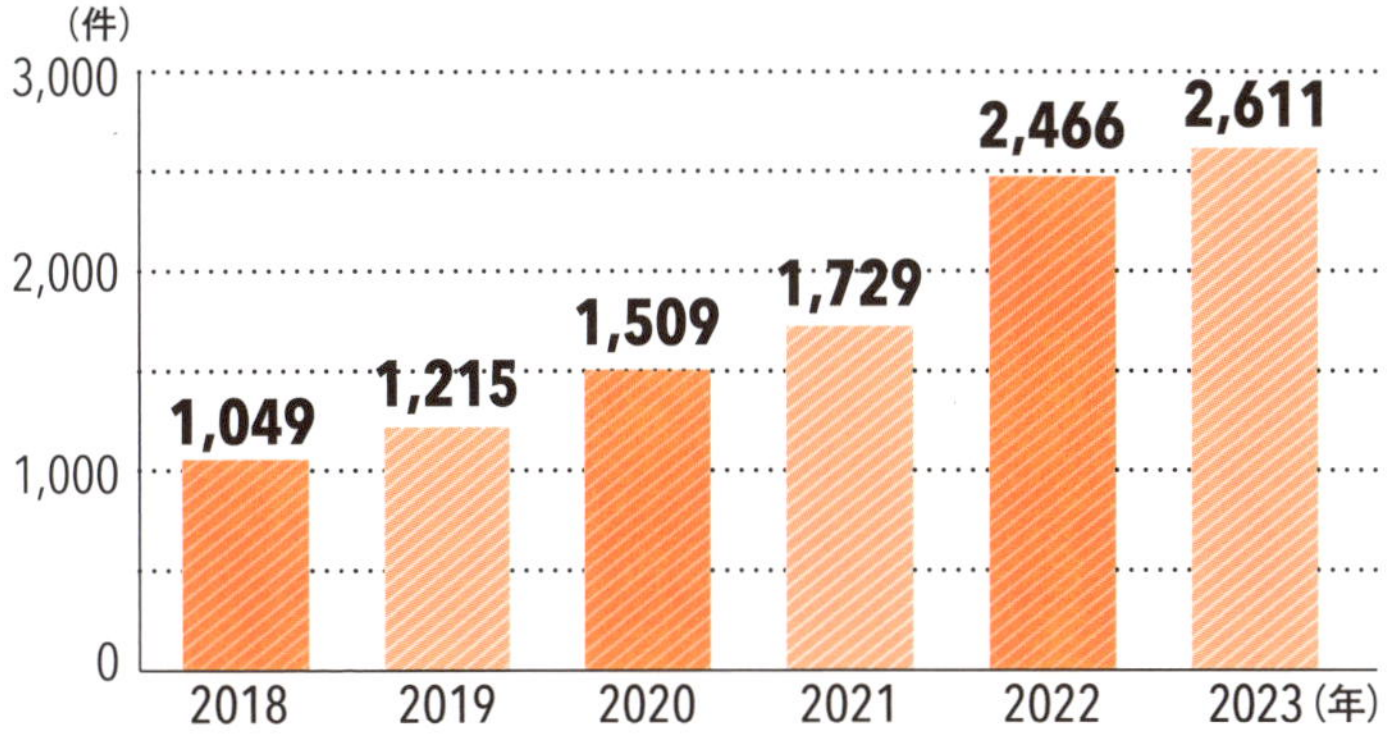

出典：一般社団法人日本海洋散骨協会のホームページ（https://kaiyousou.or.jp）。協会加入企業の海洋散骨の実施件数を年次で公表している。

遺骨を自宅で安置することもできる

遺骨を、自宅に安置して墓じまいをする方法もあります。「墓地、埋葬等に関する法律」によると、遺骨は墓地以外の場所に埋蔵してはならないとありますが、**自宅に置くことは禁止されていません。**「お墓に入れないと成仏しない」と思う人もいますが、それは個人の価値観なので、判断はそれぞれがすればよいでしょう。

今のお墓から取り出した遺骨を全部自宅に安置してもいいのですが、現実には骨壺が場所をとるので難しいかもしれません。また、顔を知らないご先祖様の遺骨には親近感を覚えにくく、「自宅に安置しなくても……」と思うものです。ですから、**大部分を合葬墓や樹木葬に埋蔵し、一部を手元に残す**のはどうでしょう。散骨する場合も、一部だけでも手元に残すと故人を身近に感じることができます。

遺骨を自宅に置くとき、仏壇は必ずしも必要ではありません。本来、仏壇は仏様を祀る場所でしたが、慣習として先祖供養に使われるようになりました。ですから、遺骨の安置場所として仏壇がいるかどうかは、それぞれの判断になります。

最近は、仏壇は置かず、写真や線香立て、骨壺を並べて故人と向き合う場所にしている人もいます。骨壺にもバリエーションが増え、カラフルでおしゃれなデザインなもの、ゴルフボール形や野球ボール形などユニークなものも。九谷焼や有田焼など有名な産地の骨壺もあります。また、必ずしも骨壺でなくても、梅干壺など故人が好きだったものを使う人もいるようです。

いつでも身につけられるように、遺骨を入れられるペンダントや指輪もあります。海外では、遺骨を加工して人工ダイヤモンドにしてくれる業者もあるようです。

自宅で安置するときは、遺骨のままではなく、粉骨にしても。どんな形状の容器にも収骨できるし、かさも減るというメリットがあります。粉骨は、専門の業者に依頼します。外の墓の下に埋蔵されて湿気を帯びてしまった遺骨の乾燥なども、同時にお願いすることができます。

墓じまいの費用は、どこでいくらぐらいかかる？

色々とやることが多い墓じまいですが、どのようなものにいくらぐらいお金がかかるのか、整理をしてみましたので参考にしてみてください。

●引っ越し前の市区町村の役所に提出するときの手数料

お墓のある市区町村の役所に、**改葬許可申請書、埋蔵証明書、受入証明書の書類を提出します。**改葬許可申請書は、役所のホームページからダウンロードできるので無料。埋蔵証明書は引っ越し前の墓地、受入証明書は引っ越し後の墓地より発行してもらうものなので、手数料は、それぞれの墓地の規定によります。また、書類を揃えて役所に提出する際、役所によって、手数料が３００円ほどかかる場合があります。役所に郵送するなら、郵送代、返信切手代も必要になります。

●古いお墓を更地にするときにかかるお金

石材店にお願いして、**遺骨を取り出し、墓石を撤去し、更地にしてもらう費用**がかかります。石材店に実際の墓地を見てもらい、見積もりをとりましょう。

寺院墓地の場合は、遺骨を取り出したときに閉眼供養代、お墓を引っ越して檀家を辞めるにあたり、離檀料を請求されることもあります。どちらも払わなくてもいいものですので、規定はありません。しかし、お世話になったお寺に感謝を込めて、支払うケースもあるようです。金額は同じお寺の檀家の親戚に聞いてみたり、思い切って住職に聞いてみても。

また、離檀料の目安は、法要のお布施の1~3回分くらいとも言われるようです。

国民生活センターによると「墓じまいしたいと言ったら、お寺から高額な費用を請求された」という相談が多数寄せられているようです。もし、不審に思うことがあれば、お住まいの自治体の消費生活センターに相談をしましょう。

新しいお墓に支払うお金

どのようなお墓にするかによって、金額は変わります。一般的な墓石のあるお墓は、永代使用料、墓石代などがかかり、他のタイプのお墓に比べて高額になります。注目度の高い納骨堂は、墓石のあるお墓より金額は安いですが、種類によっては高額なものもあります。ロッカー式や棚式などのシンプルなものは金額が抑えめで、仏壇式や自動搬送式などのつくりが豪華なものは金額も高くなります。また、どのお墓でも共通して言えるのは、**みんなで一緒に納骨される合葬墓のスタイルなら、個別のものよりも金額はリーズナブルなことです。**

新しくお墓を購入した方々の平均金額を、参考までに左ページに紹介します。調査によると、一般墓の金

古いお墓を更地にするときにかかる費用の目安

墓石の撤去費用	10〜20万円程度（1㎡あたり）
更地にする費用	10〜20万円程度（1㎡あたり）
遺骨取り出し費用	1体 3万円前後
閉眼供養	1〜3万円
離檀料	1〜3万円程度（最高でも20万円程度）

出典：「改葬にかかる費用―お墓の引越しに必要な費用内訳を徹底解説！」https://guide.e-ohaka.com/tomb-condition/cost_reburial 「離檀料の目安相場―離檀の方法とトラブル事例」https://guide.e-ohaka.com/tomb-condition/ridan_cost（共に株式会社鎌倉新書「いいお墓」）

額は年々微減し、樹木葬や納骨堂は横ばいなようです。

古い墓石は引き継ぐとお金がかかる

今ある墓石を新しい墓地で使おうとすると、意外にお金がかかります。元々ある墓石のサイズが大きめの場合、それに合う墓地を探すとなると、引っ越し先の墓地も広めになり、永代使用料が高くなります。また、そもそも墓石の持ち込みができない場合もあるので、新しい墓地に確認が必要です。

新しい墓地までの運搬費もかかります。距離がある場合はより高くなるし、傷まないように梱包するにも手間がかかります。新しい墓石を購入したほうが、費用が安くすむ場合が多いのです。

お墓の平均購入金額

一般墓	149.5万円(墓石代 97.4万円・土地利用料47.2万円+その他諸経費)
樹木葬	63.7万円
納骨堂	80.3万円

出典:「第15回お墓の消費者全国実態調査(2024年)霊園・墓地・墓石選びの最新動向」https://guide.e-ohaka.com/research/survey_2024 (株式会社鎌倉新書「いいお墓」)

TODO

実家から車で10分くらいのところに
父の墓がある
それぞれ地方出身の父と母は
十数年前実家の近くに墓を買ったのだ
勝手に決めちゃって…
よかっただわ
いきなり買うかね
などと当時は思っていたが
「決まった場所がある」というのは
いざというときに安心感があった
ただひとつ問題が…
私の後にこの墓をついでくれる人がいない!!!
「墓じまい」もやらなくちゃいけないことのひとつ
死ぬじゅんびもたくさんあるな…

実家の売却&相続を専門家に頼むとしたら?

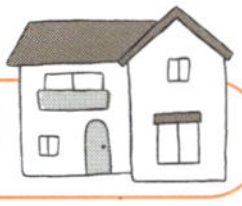

実家の売却時にしておきたい境界線の確定やホームインスペクションは、それぞれの専門家に頼みます。登記や相続を自分でするのが難しい場合は、専門家に依頼しましょう。専門家の選び方の基本は、登記や公正証書は司法書士、税金は税理士、相続人の間でもめそうなときは弁護士です。それぞれの専門家は連携していることが多いので、まずは一番頼みたいことの専門家に相談してみましょう。

●実家の売却

事例	本文のページ数	内容	専門家
実家の名義が親になっていない	P.50	前の名義人(祖父など)から親に名義が変わっていない場合は、名義変更をする	司法書士
境界線を確定する	P.53	お隣との境界が曖昧だと実家を売却できない。トラブルを防ぐために、確定測量がおすすめ	土地家屋調査士
売却時の所有権移転登記	P.95	実家を売却するとき、売り主から買い主に所有権移転登記を行う	司法書士
ホームインスペクション	P.117	実家の現状を調査・点検する	国土交通省の認定の講座を受け、合格した建築士(既存住宅状況調査技術者)
譲渡所得の確定申告	P.128	実家を売却して得た譲渡所得は、確定申告をする	税理士

●相続

事例	本文のページ数	内容	専門家
公正証書遺言	P.62	公証役場で遺言者が遺言の内容を公証人に述べて、遺言書を作成する	司法書士
家族信託	P.70	認知症に備えて、家族が財産を管理する方法。契約書を公正証書にしておくと、トラブルの予防に	司法書士
相続登記	P.158	実家を相続する人が決まったら相続登記をする	司法書士
相続税の申告	P.168	相続財産のうち、基礎控除分を超えた部分は相続税がかかる。相続税の申告は税理士に、相続人同士でもめそうなときは弁護士に相談する	税理士、もしくは弁護士
準確定申告	P.180	相続開始から4カ月以内に、被相続人の生前の所得を確定申告する	税理士

監修者プロフィール

弘中純一（ひろなか・じゅんいち）

一級建築士事務所アルド住宅研究所主宰・宅地建物取引士

国立大学建築工学科卒業後、一部上場企業にて一戸建てハウジング事業の開発プロジェクトに、その後、建築事務所にてマンションの内装プレファブシステムの技術開発に従事する。独立して建築事務所を立ち上げ、住宅の設計、施工、リフォーム、売買などの業務を行なう。現在は、設計、不動産売買、投資、賃貸、リフォームなど住まいのコンサルティングをメインに活動。Webサイトで住宅・不動産に関する記事を執筆。ホームページにて、情報発信や住宅に関する無料相談を受けている。
https://www.ardhome.net
［1～4章・付録（P.253～254）担当］

小谷みどり（こたに・みどり）

一般社団法人シニア生活文化研究所代表理事

1969年大阪生まれ。奈良女子大学大学院修了。第一生命経済研究所主席研究員を経て、2019年より現職。専門は死生学、生活設計論、葬送関連。大学、自治体などで「終活」に関する講義や講演多数。11年に夫を突然死で亡くしており、立教セカンドステージ大学で配偶者に先立たれた受講生と「没イチ会」を結成。著書に『お墓どうしたら？事典』（つちや書店）、『〈ひとり死〉時代のお葬式とお墓　』（岩波新書）、『没イチ　パートナーを亡くしてからの生き方』（新潮社）など多数。

［2章（P.78～81）・6章担当］

横尾将臣（よこお・まさとみ）

メモリーズ株式会社代表取締役

ラガーマンであり、サックスプレーヤーという異色の経歴を持つ。祖母が入浴中に亡くなったことをきっかけに、遺品整理の必要性を感じ、遺品整理の専門業者・メモリーズを設立し現在に至る。NHK「プロフェッショナル 仕事の流儀」でも紹介され、話題に。核家族や少子化が進むにつれて、需要は飛躍的に高まっている。「葬儀は肉体的な別れ、遺品整理は精神的な別れ」と考え、遺品を整理するだけでなく、悲しみに暮れる遺族の心も整理する。
https://www.ihin-memories.com
［5章担当］

STAFF | デザイン　池田和子（胡桃ヶ谷デザイン室）
イラスト　あさとひわ
D　T　P　谷川のりこ
校　　正　鷗来堂
編集協力　臼井美伸、大橋史子（ペンギン企画室）
編集担当　柳沢裕子（ナツメ出版企画）

参考文献：『高齢者施設の費用・選び方・手続きのすべて』（ナツメ社）

◎本書に掲載している内容は、2024年10月現在のものです。

本書に関するお問い合わせは、書名・発行日・該当ページを明記の上、下記のいずれかの方法にてお送りください。電話でのお問い合わせはお受けしておりません。
- ナツメ社Webサイトの問い合わせフォーム　https://www.natsume.co.jp/contact
- FAX（03-3291-1305）
- 郵送（下記ナツメ出版企画株式会社宛て）

なお、回答までに日にちをいただく場合があります。正誤のお問い合わせ以外の書籍内容に関する解説・個別の相談は行っておりません。あらかじめご了承ください。

ナツメ社Webサイト
https://www.natsume.co.jp
書籍の最新情報（正誤情報を含む）はナツメ社Webサイトをご覧ください。

いざというときに困《こま》らないために
今《いま》から考《かんが》える　実家《じっか》じまい・墓《はか》じまい

2025年1月2日　初版発行

監修者　弘中純一《ひろなかじゅんいち》　Hironaka Junichi,2025
小谷《こたに》みどり　Kotani Midori,2025
横尾将臣《よこおまさとみ》　Yokoo Masatomi,2025

発行者　田村正隆

発行所　株式会社ナツメ社
東京都千代田区神田神保町1-52　ナツメ社ビル1F（〒101-0051）
電話 03（3291）1257（代表）　FAX 03（3291）5761
振替00130-1-58661

制　作　ナツメ出版企画株式会社
東京都千代田区神田神保町1-52　ナツメ社ビル3F（〒101-0051）
電話03（3295）3921（代表）

印刷所　ラン印刷社

ISBN978-4-8163-7644-3　Printed in Japan

〈定価はカバーに表示してあります〉〈乱丁・落丁本はお取り替えします〉